古典学研究

刘小枫◇主编

第一辑

古典哲学与礼法

林志猛◇执行主编

华东师范大学出版社

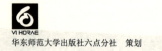

华东师范大学出版社六点分社　策划

本刊由中国比较文学学会古典学分会主办

目　录

Contents

Topic: Classical Philosophy and Nomos

Essays

Book Review

哲人王即"活的法"？

——沃格林《王制》阐释中的一个问题

韩 潮*

（同济大学人文学院）

摘　要： 沃格林认为，尽管柏拉图的《王制》没有出现希腊化时期的核心政治概念"活的法"，但"活的法"这一概念已经蕴含在《王制》中的"哲人王"里。本文将证明，这个命题不能成立。首先，沃格林的看法出自古迪纳夫对希腊化王权的研究，因此是一种从希腊化时期的君主制理论倒推至柏拉图的时代错乱的结论；其次，这种观点从没有出现在《王制》的文本里，它在柏拉图晚期对话那里得到的两次提及与其说包含着一种正面的关于"活的法"的论述，不如说都对其实施的可能性持保留态度，因此，这实际上依赖于宪政主义的对立面来建构关于《王制》的阐释；最后，《王制》对法治的诊断完全不同于一般所谓"活的法"对法治的诊断。《王制》诉诸的论证是教育高于法律，而不是智慧高于法律。更为重要的是，《王制》中的教育共同体和政治共同体本身是自足的，它注定要从存在的超越性秩序锁链里断裂出来。

关键词： 沃格林　博丹　活的法　君主制　灵魂—城邦模拟

一

沃格林的柏拉图阐释有一个不太为人注意却意味独特的观点，在《秩序与历史》第三卷里，沃格林曾经提到，"《王制》中的哲人王不同于其他人类的地方在于，神圣的秩序在他们的灵魂中得以实现，法（nomos）进入

---

* 作者简介：韩潮（1974— ），男，安徽芜湖人，哲学博士，同济大学人文学院教授、博士生导师，主要从事政治哲学、现象学等领域的研究。

了他们的灵魂,以至于他们自己就是'活的法'(nomosempsychos)"。①

"活的法"(nomosempsychos)一词未见于《王制》的文本,亦未见于同时期希腊其他各类文献,沃格林何以会用这样一个明显时代错乱的词语来描述柏拉图的"哲人王"? 我们不妨再来看他在《政治观念史稿》里的一段话:

> nomosempsychos 是涵盖了整个希腊化时期政治观念的核心主题,尽管在柏拉图和亚里士多德的作品中找不到这个词,但是其含义已经出现在他们的著作中。nomosempsychos 似乎是一个毕达哥拉斯学派的观念,因为这个词出现在一般被视为毕达哥拉斯主义者的狄俄托革涅斯的残篇里,狄俄托革涅斯提供了这一新方法最为准确的叙述:
>
> > 国王与城邦的关系如同神与世界的关系;城邦与世界的比例如同国王与神的比例。因为,多种成分和谐相处调和的国家,就是对世界的秩序与和谐的模仿,而具有绝对统治权的国王自己就是活生生的法律(nomosempsychos),他已经变成人中的一位神。②

《政治观念史稿》此章的主题是"希腊化时期的君主制",沃格林着重讨论了这一时期在二位毕达哥拉斯主义者狄俄托革涅斯(Diotogenes)和厄克方托斯(Ecphantus)那里出现的"新方法"即上述提及的关键词——nomosempsychos,同时他有意将这一新学说追溯到柏拉图和亚里士多德那里,因此,在此章讨论希腊化时期的君主制学说之前,他专设一节"活的法:柏拉图和亚里士多德",讨论了这一学说在柏拉图和亚里士多德那里的起源。按照沃格林的意见,恰恰是"柏拉图的学说引出了希腊化时期的君主制论证,即将国王视为 nomosempsychos、活着的法(animate law)或活生生的法(living law),国王从他的神圣人

① Eric Voegelin,《秩序与历史(卷三):柏拉图与亚里士多德》(*Order and History, Volume III:Plato and Aristotle*),Dante Germino 编,Columbia:University of Missouri Press,2000,页 287。

② Eric Voegelin,《政治观念史稿(卷一):希腊化、罗马和早期基督教》(*History of Political Ideas, Volume 1〔CW19〕:Hellenism,Rome, and early Christianity*),Columbia:University of Missouri Press,1997,页 105;中译本见谢华育译,北京:华夏出版社,2007,页 132-133(译文有所修正)。

格中创造了政治的小世界"。①

从《政治观念史稿》的这段文字来看，沃格林很明显是使用了希腊化时期君主论论证的词汇来解说柏拉图《王制》中的哲人王。虽然《政治观念史稿》是史述的笔法，阐述的是柏拉图对希腊化时期君主制论证的影响，但很有可能沃格林恰恰是从狄俄托革涅斯的模型反推至柏拉图的"哲人王"学说。毕竟，他没有提供任何一处柏拉图文本的论据以支持他的论点，他只提到了亚里士多德《政治学》中的三处相似表达。

当然，从狄俄托革涅斯的模型反推至柏拉图的"哲人王"，的确是一种具有诱惑力的解释模式。一旦我们采纳沃格林的解释模式，那么，从历史的角度来看，随着希腊世界进入普遍的君主制时代，柏拉图哲人王论证的基本结构在希腊化时期通过某种变形演化为后来的君主制论证的基本模型，当是顺理成章之论。

史学界一般认为，希腊化时期的君主制及其辩护性文字多出自东方的影响。希腊本土的政治传统中并没有神化国王人格的传统。尽管希腊本土的国王有可能被当作英雄崇拜，但国王的位格依然是人而不是神。直至托勒密二世宣布自己及其家族具有神性，并创造了一套将国王当作神格来崇拜的仪式传统之后，希腊化时期的君主制才创造了一个新的王权叙事。一般认为，这类宣称国王具有神圣性、神化国王人格的辩护，在希腊接触东方之前并不存在。

因此，沃格林将国王神圣性的理论论证追溯到柏拉图，一方面是要在史学上建立起柏拉图与后起的某种实际政治形态之间的联系，而另一方面，似乎也是要借此一说纠柏拉图阐释之偏。在他看来，一种通常的误解以为柏拉图和亚里士多德所做的无非是对城邦政治的理性化，但实际上这种观点忽略了柏拉图和亚里士多德面对的其实只是城邦的痛苦，他们要解决的是城邦政治的问题。他们着意在重建，而非把城邦政治合理化，他们著述的根本目的是呈现出"宪政之外的另一种选择"。② 要实现沃格林的这两个目的，其所需论证的核心命题只有一个——"哲人王即活的法"。

① 同上，页131。

② Eric Voegelin，《政治观念史稿（卷一）：希腊化、罗马和早期基督教》，前揭，页103-104。

二

应当指出,沃格林是从古迪纳夫(E. R. Goodenough)对希腊化时期君主制论证的研究中借来的这个概念。沃格林《政治观念史稿》中讨论 nomosempsychos 的一节,其相关引文全部来自古迪纳夫的论文《希腊化王权的政治哲学》中的间接引文;他所提出的亚里士多德《政治学》文本中的三处相似论据也都已经在古迪纳夫的文章中被提及和引用;①他甚至追随古迪纳夫认为,nomosempsychos 这个观念最原始的形式很可能最终还是来源于东方,尤其是波斯,波斯的观念影响了柏拉图和亚里士多德,柏拉图和亚里士多德反过来又影响了后起的毕达哥拉斯主义者,因此,可以说这个观念具有曲折的影响史,它虽然不是直接来自东方,但却间接源于东方,"在希腊有一个潜在的具有东方文化特征的部分,只要时机成熟,它就会浮出水面,成为一个新的体系";②最后也最为关键的是,古迪纳夫已经先于沃格林指出,nomosempsychos 这个观念的确可能与柏拉图的哲人王有关。③

不过,古迪纳夫这篇试图系统化希腊化时期君主制论证的经典论文写于 1928 年,距今已经近 90 年,新的语文学见解实际上已经有过几波轮替。其中古迪纳夫和沃格林在语文学上面临的最大冲击可能来自三位毕达哥拉斯主义者狄俄托革涅斯、厄克方托斯和斯腾尼达斯(Sthenidas)所著《王权论》残篇的断代问题。这三篇最初收录于公元 5 世纪斯托拜乌(Stobaeus)编订的《文选》(Florilegium)里的作品,今天普遍被认为是托名著述。④ 古迪纳夫最初是将这些残篇的写作时间定在公元前 3 世纪,即托勒密二世开始建立国王神性传统的时代。20 世纪40 年代,Lucien Dettale 提出了另一种观点,认为这些残篇的写作时间要

---

① E. R. Goodenough,《希腊王制的政治哲学》("The Political Philosophy of Hellenistic Kingship"),载 *Yale Classical Studies* 1,1928,页 62、78。

② Eric Voegelin,《政治观念史稿(卷一):希腊化、罗马和早期基督教》,前揭,页104;同上,页 132。

③ E. R. Goodenough,《希腊罗马时期的犹太教象征》(*Jewish Symbols in the Greco-Roman Period*),XII,New York:Pantheon Books,1953,页 13。

④ 主要论据之一是,历史上的厄克方托斯是公元前 4 世纪的阿提卡人,而残篇使用的是多利亚方言。

晚得多,应当是公元 2 世纪到 3 世纪之间,即罗马帝国时期。Dettale 的驳论后来得到了古迪纳夫本人的认可,一度成为学界公论。不过,60 年代 Holger Thesleff 与 Walter Burkert 几乎于同一年各自提出了对 Dettale 观点的有力响应,又恢复了断代之争。直至今日,局面大体两分,主张定于希腊化时期和主张定于后希腊化时期的学者都不在少数。①

不过,从根本上说,沃格林提出的命题并不是一个语文学问题,后起的语文学研究并不能代替政治哲学的反思。② 一旦将残篇断代时间定为后希腊化时期,固然会否定沃格林试图在柏拉图与后起的实际政治形态之间建立的联系,沃格林所设定的问题——柏拉图的"哲人王"究竟是属于带有城邦时代特征的哲学还是治疗城邦苦难的希腊化王权时代的哲学——固然也会有一个明确的答案,但从根本上说,nomosempsychos 并非只是一个时代因缘际会的产物,除了希腊化和后希腊化时期,在中世纪晚期和近代早期的现代法权演进中,这个复活了的希腊化政治哲学概念起到了难以磨灭的作用:从 13 世纪起,这个曾经被斐洛用在摩西那里,被克莱门特用在耶稣那里,被伪阿契塔斯、伪狄俄托革涅斯以及查士丁尼用在王权理论那里的词语,开始同时用于教皇和皇帝,并成为"中世纪晚期绝对主义王权兴起的理论标志之一"。③ 正如阿甘本所言,nomosempsychos 这个希腊化时期的哲学概念"与现代主权理论起源的相关性绝对不容低估"。④

因此,沃格林作出的这个判断,绝非仅仅关涉到希腊化时期的君主制论证与柏拉图哲人王学说的联系,如果我们注意到,与 nomosempsy-

---

① 关于这一组残篇的断代问题及相关学术史情况,参见 John W. Martens,《毕达哥拉斯〈王制论〉时间考》("The Date of the Pythagorean Kingship Tractates"),收于氏著,*One God, One Law: Philo of Alexandria on the Mosaic and Greco-Roman Law*, Brill,2003,页 165-173;事实上,John W. Martens 本人就持希腊化断代的立场。

② 实际上,由于 nomosempsychos 这个词相对晚出,无论采取哪一种断代观点都有"时代错乱"的嫌疑。政治思想史本身就是一种时代错乱。

③ J. Canning,《中世纪政治思想史:300-1450》(*A History of Medieval Political Thought: 300-1450*),London:Routledge,2014,页 8。

④ G. Agamben,《例外状态》(*State of Exception*),Kevin Attell 译,Chicago:University of Chicago Press,2005,页 69;当然,阿甘本的《例外状态》对这一问题的处理实际上承接的是在施米特的早期著作《国家的价值和个人的意义》,以及康托洛维茨的《弗里德里希二世》和《国王的两个身体》中已经得到精心处理的主题。

chos 这个概念相伴随的是绝对主义王权的兴起——对于西方世界而言,它们分别是希腊化时期的王权、罗马帝国时期的王权以及中世纪晚期的王权三个阶段——以及更为重要的现代主权学说的出现,那么,我们有理由认为,"哲人王即活的法"这个命题最为重要的意义在于,它依托于更具历史性的概念、更内在化的解释体系,指向了一个 20 世纪的陈旧主题——柏拉图和绝对主义的联系。于是,我们要问,是否恰如沃格林所言,柏拉图的"哲人王"所意图呈现的其实是"宪政之外的另一种选择"?

三

20 世纪政治思想史的一个重要"贡献"在于,柏拉图首次被视为极权主义理论家(如众所周知的波普尔),不过,同样也有人认为柏拉图为宪政主义者,比如麦基文在《古代宪政与现代宪政》一书里明确认为柏拉图是宪政学说的支持者,并把柏拉图的《治邦者》视为古代宪政的核心文本,A. E. 泰勒也是此说的重要支持者。① 如果此说成立,那么我们将看到,在 20 世纪政治思想重构的版图中,柏拉图或许既是第一个极权主义理论家,也是第一个宪政主义者;既是第一个乌托邦主义者,也是第一个反乌托邦主义者。

不过,问题并不在于出现了两个柏拉图,也并不在于宪政主义的柏拉图和绝对主义的柏拉图哪一个更近于柏拉图的本来面目,实际上,这两个解释或许一点也不矛盾。自恩斯特·巴克、萨拜因以降的柏拉图政治思想的阐释史,存在着一个基本的范式——学者们倾向于认为,在柏拉图那里,存在着某种类似于绝对主义向宪政主义的转向,例如:《王制》是一种绝对主义的、威权主义的、极权主义的乌托邦政治,而《治邦者》或《法义》则是对《王制》的政治乌托邦主义的倒转;柏拉图

---

① 泰勒的主要观点参见 Tayler, 1961, 页 192;以及 1956, 页 393;相关讨论另见 Charles Griswold,《柏拉图〈治邦者〉中的政治知识》("Politike Episteme in Plato's Statesman"),收于 *Essays in Ancient Greek Philosophy*,卷三,John Anton/Anthony Preus 编,Albany:State, 1989, 页 159;Christopher Gill,《重思〈治邦者〉291 – 305 中的宪制》("Rethinking Constitutionalism in *Statesman* 291 –303"),收于 C. J. Rowe 编,*Reading the Statesman*,Sankt Augustin:Academia Verlag, 1995,页 292 –305。

晚期对话录中的政治思考总是以这样或那样的方式放弃或改变了他在《王制》中持有的若干立场。尽管对这一范式的反思构成了 20 世纪后期柏拉图政治思想研究的两个基本主题之一，①但是要真正摆脱这个范式依然有不少路要走。因为，这最终取决于我们究竟多大程度依赖于宪政主义的对立面来建构关于《王制》的阐释。

呈现在沃格林和古迪纳夫那里的关于"哲人王即活的法"的命题，实际上加重了摆脱这个范式的难度。"哲人王即活的法"的命题，的确构成了宪政主义阐释的对立面。这个解释的绝对主义阴影，显然要比波普尔此类外在的批判更加难以克服。毕竟，相对而言，这一解释更依托于历史性的概念，提供了一种更加内在化的解释体系。可以说，一旦引入"活的法"的解释，《王制》与柏拉图晚期政治思想之间的关系似乎就会被限定在绝对主义向宪政主义的转折这个范式之上。

首先，无论是沃格林、古迪纳夫，还是其他学者，实际上很难在《王制》的文本里发现与"活的法"直接相关的论述，②它们在柏拉图那里发现的文本踪迹往往是间接的，不仅如此，他们还使用了间接推理的方法以印证他们的结论。以古迪纳夫为例，他在柏拉图文本中择取的论述实际上一处出自《治邦者》(300c)，一处出自《法义》(875e)；③而细究这两处文本，我们会发现，这两处文本与其说包含着一种正面的关于"活的法"的论述，不如说都对其实施的可能性持保留态度。

《治邦者》固然承认，法治不是最高的统治方式，因为法律不可能方方面面每个细节都设想周到完美，就像船长凭借的总是一种航海的技艺而不是一套固定的规则(296e)，所以一个不必遵守成文法，但掌握实践智慧(phronesis)的政治家的统治往往是最好的。但《治邦者》里同样明确表达了，"伪称掌握了政治家的知识，实际上却掺杂了无知与欲望"(301c)的统治是一种最糟糕的统治，换言之，《治邦者》明确表达了王政与僭政可能混淆的担心；因而，《治邦者》数次强调，我们只能在最佳政体之外退而求其次，寻求某种次佳的选择(297e，300c)。

---

① 另一基本问题自然要属关于波普尔的《开放社会及其敌人》引发的争议。

② 参见 G. Aalders，《活的法》("Nomos Empsychos")，收于 P. Steinmetz 编，*Politeia und Res Publica*，Wiesbaden：Franz Steiner，1969，页 315–329。

③ E. R. Goodenough，《希腊王制的政治哲学》，前揭，页 62。

《法义》固然同样认为,理智不能成为法律的奴仆,如果存在着神一样的人物,那么可以超越法律,但《法义》的同一段落实际上使用了与《治邦者》类似的表达:这样的情况几乎不可能出现,我们的选择只能是退而求其次(875e)。

也就是说,古迪纳夫在柏拉图那里发现的"活的法"的两处文本源头,都并非一种单纯的正面表述,严格说来,它们只是一种包含着脆弱性意味的妥协陈述。柏拉图的基本态度应当是,承认其理想性,但否认其在现实中实施的可能性。于是乎,吊诡的是,尽管我们无法在《王制》的文本中发现与"活的法"直接相关的论述,但是一种建立在间接论据上的间接推理反而加剧了《王制》与"活的法"之间的嫌疑关联:《法义》和《治邦者》包含了对"活的法"的批判,而《王制》与柏拉图晚期政治思想之间存在着一种绝对主义向宪政主义的转折,因此,《法义》和《治邦者》中的批判毋宁指向的就是《王制》中隐藏的命题——"哲人王即活的法"。

四

关于这个问题的讨论在方法论上必定会存在着一定的困难:直接否认这个间接推理的有效性固然是一个简明的办法,但却并非是一种彻底的、最终的解决。《王制》的直接疑难既不可能通过间接论据和间接推理来证明,也不可能通过否认间接论据和间接推理来证伪。即便我们承认,在《王制》的文本中很难发现与"活的法"直接相关的字面表述,但毕竟我们的问题并不只是一个语文学问题,我们要追问的并不是语文学意义上的词句,而是依托于 nomosempsychos 这个术语的一组思维和概念联系的模式。因此,直面文本的同时也需要我们重构起有效的论证和概念关系。

下面,我希望通过概念的拆解和论证的重构来解决这里的疑难。

事实上,nomosempsychos 中的 empsychos 一词是希腊语中常见的表达,我们在第一个哲学家泰勒斯的残篇里所见的"物活论"表述——"磁石中有灵魂",就是这一表达的常见形式,它表达的是,物质因赋予"灵魂"而成为有活力的东西。因而,nomosempsychos 一词也就相应地有了一定的语义广度,这个概念在语义上其实由两个相互重叠的概念组成:一个是相对于高级法(自然法或神法)的、肉身化和人格化的"活的法"；一个是相对于僵死的实定法的、人格化的、有活力的"活的法"——英语学界关于这个概念的各种译名如 law incarnate, ensouled law, animate law 或 living law 就反映了语义理解上的歧义。①

鉴于语义层面的差异，我们不妨把 nomosempsychos 拆解成两个模型：

首先，第一个模型包含以下几个要素：（1）在宇宙秩序、灵魂秩序和城邦秩序之间存在着某种传导关系；（2）其中某个"人格性存在"处于这个传导关系的中心位置；（3）在宇宙秩序与这个"人格性存在"的灵魂秩序之间往往包含着神秘主义的成分；（4）由于这个神秘主义的成分，"人格性存在"的灵魂秩序相对城邦秩序或实定法具有优势地位，因此往往体现为不受实定法的限制。

比如古迪纳夫在论述斐洛的法的观念时表达的就是这样的观念，在他看来，首先，最高的法是 nomos-logos，即形而上学意义上的法；其次是 nomos-logos 的肉身化，即体现在某一人格上的"活的法"；再其次才是立法者所立之法。② 上述狄俄托革涅斯、厄克方托斯及斯腾尼达斯所著《王权论》残篇大体就是这个模型的代表。

在这个模型里，相对复杂的是这个"人格性存在"与法的关系：他是否守法？在何种意义上他是守法的？阿甘本在《例外状态》中的推理——"主权者乃活的法，这意味着，他不受法律限制"③——就是一种常见的误解（由于自然法或神法视野的消失，这个残缺式的误解对于当代思想来说几乎是必定如此的）。nomosempsychos 的这个模型最为常见和经典的表述就是，这个"人格性存在"并非不遵循法律，他所遵循的是更高的法律，或者说某种在法律与智慧之间的调和性存在，比如溯源自宇宙秩序的高级法，亦即 logos-nomos 一体化的法。在古典传统里，尤其是斐洛以后的思想传统里，nomosempsychos 相当多的范例都可以归属于这种模型。阿里安和普鲁塔克记载的发生在亚历山大宫廷里的阿那克萨卡斯（Anaxarchus）和卡利斯提尼（Callisthenes）之间的辩论——阿那克萨卡斯认为，王不受法律限制，卡利斯提尼则认为，王需要遵守神法——是这个传统在古典语境发生作用的一个明证。

---

① 这个词在中世纪拉丁传统里为 lex animata。
② E. R. Goodenough，《希腊罗马时期的犹太教象征》，前揭，页 13。
③ G. Agamben，《例外状态》，前揭，页 69。

其次,应当指出的是,尽管第一个模型可以涵摄大部分希腊化时期及之后的范例,但 nomosempsychos 的各种范例中确实还存在着另一种模型。相对前一种模型,这个模型仿佛是一个简化的版本:它去除了上述模型中的神秘主义成分,只强调"人格性存在"的实践智慧相对于实定法具有灵活性的优势。也就是说,它只占有第一个模型的四个要素的最后一个。在后一个简化的模型里,拥有实践智慧的人未必一定分享了对宇宙秩序的洞察或者说某种神秘的智慧,很有可能他只是具备灵活性和衡平的优势。这个模型毋宁是这样一种基本信条:智慧高于法律,可以解决法律不够周详之处。

如果将柏拉图《治邦者》里使用的船长比喻当作 nomosempsychos 的原型之一,那么它对应就只是后一种模型。因为,如果说船长凭借的总是一种航海的技艺而不是一套固定的规则(296e),那么一个不必遵守成文法,但掌握实践智慧的政治家的统治往往是最好的。这里的表述仅仅指出了法治的局限性:法律不可能面面俱到地把每个细节都设想得周到完美,并不一定允诺政治家对于宇宙秩序的洞察。

当然,如果我们把实践智慧理解为具备神秘洞见的人在现实生活中呈现出的一种智慧形态,那么后一种模型其实可以转化为前一个模型的一部分。但未必所有的 nomosempsychos 范例都可以做这样的化约。诸如伊索克拉底在《致德莫尼克斯》(Ad Demonicum)提出的"最高的法是君主的品性(tropos)",以及色诺芬在《居鲁士的教育》中将好的统治者视为"具有洞察力的法"(blepon nomos)这类的表述,就很难化约为前一种形式。

值得注意的是,从思想史的角度来看,后一种模型的范例相对而言出现得较早,大体仍属于城邦政治的范围之内(尽管这个观念的出现或多或少也表明城邦政治出现了危机)。而在城邦政治解体之后,单纯依赖于实践智慧的王权论证几乎已经不再可能,只有依托于君主的神性或者说分享神性的"人格性存在"才能建立起王权的正当性。没有神性或者只拥有"准神性"的智慧君主很明显应当更接近城邦政治的产物,而非某种城邦政治解体或者说城邦政治面临危机之后的补救性观念工具。

问题是,《王制》的"哲人王"规划究竟属于哪一个领域?"哲人王"究竟是开创了前一个 nomosempsychos 的传统,还是属于后一个城

邦政治的 nomosempsychos 的传统之列？究竟应当如何理解柏拉图的
"哲人王"规划？是否可以说,"哲人王"开启了后世君主的神性存在,
抑或"哲人王"终究是没有神性的智慧君主？

五

这当然是一个棘手的问题。不过,总体而言,这样的疑难比之含混
的讨论——比如"哲人王即活的法"是否是一个从《王制》的文本中得
出的推断——要更容易处理一些,我们需要解答的无非是,《王制》中
是否存在着 nomosempsychos 的两种模型:如果以第一个模型为中心,
那么毋宁是问,《王制》中是否存在以"人格性存在"为中心的,宇宙秩
序、灵魂秩序和城邦秩序之间的传导关系？如果以第二个模型为中心,
那么毋宁是问,《王制》如何理解法治的局限性,《王制》中是否存在"智
慧高于法律"的论证？

这里,我们不妨先从第二个模型涉及的问题入手,先来看《王制》
如何理解法治的局限性,以及《王制》中是否存在"智慧高于法律"的
论证。

实际上,《王制》固然贬低法律的作用,认为事无巨细地制订成文
法以规范公民的行为是无效的,柏拉图甚至说,要想凭借立法来泯除城
邦的弊端就好比是割九头蛇的脑袋,一定是徒劳无功的(426e)。但
是,柏拉图在那里的论证并非要论证智慧高于法律,或者说要用智慧来
弥补成文法不够完善之缺,他要说明的是,护卫者的教育和培养要高于
法律,教育做好了,城邦就好比轮子,开动起来可以自行运转(424a),
不用再行立法之繁;相反,如果由于教育的匮乏而导致灵魂中欠缺节
制,依赖从外部输入的正义,让别人成为你的主人和裁判官(405b),这
将是灵魂最大的耻辱:其标志就是,陷于法律程序,几近以诉讼为职业
(405c)。

"活的法"所诊断的法治之弊在于,法律不可能面面俱到地把每
个细节都设想得周到完美,因此一个不必遵守成文法,但掌握实践智
慧的政治家的统治往往是最好的,船长凭借的总是一种航海的技艺
而不是一套固定的规则;《王制》所诊断的法治之弊却在于法治的后
设性,也就是说其批评的要害是法律对于灵魂秩序的外在性,法律看
似可以建立某种良好的城邦秩序,但是由于没有城邦公民的灵魂秩

序作为支撑,城邦秩序就失去了持续运转的动力。这个让城邦像轮子(kuklos,424a)一样持续运转的构想就是柏拉图《王制》中著名的所谓"教育城邦"的规划。在护卫者的教育实践里,儿童从游戏和音乐中接受良好的礼法(425a),不必另外制订成文法条,因此,我们或许可以在比附的意义上说,《王制》中的"教育"(paideia)才是真正的"活的法"。

无论如何,同样是看出法治之局限,《王制》的论据和诊断与一般所谓"活的法"所诉诸的论据和诊断是完全不同的。二者之间的根本差异是教育高于法律还是智慧高于法律的分别。一切将统治者理解为"活的法"的学说,总是会诉诸统治者的智慧高于实定法的论证;但是,我们可以看到,《王制》并没有诉诸这样的论证,《王制》表达的是另一套看上去完全不同的原则。这一原则可以概括为:公民的自然和教育、灵魂秩序和城邦秩序之间形成的良好循环互动,要远远高于纯粹通过法律进行的统治。

因此,nomosempsychos 的第二个模型,即"智慧高于法律的论证"(也就是《法义》和《治邦者》可能蕴含的批判指向),在《王制》里不存在。

即便对于第一个模型来说,"智慧高于法律的论证"似乎也不可或缺。因为,正如我们在前文指出的那样,第二个模型其实可以看作第一个模型的简化版,而在第一个模型里,最终的归结点仍旧是:由于与宇宙秩序之间的神秘主义关联,"人格性存在"的灵魂秩序对于城邦秩序或实定法具有优势地位,因此往往体现为不受实定法的限制(即第一个模型的第四条规定)。

那么,是不是可以说,《王制》中同样不存在 nomosempsychos 的第一个模型?

——不过,我们很难直接得出这个答案。因为,事实上,从《王制》中"教育高于法律"的法治批判里,我们还能读到更多的东西。

《王制》用以取代法治的教育城邦规划,即在公民的自然和教育、灵魂秩序和城邦秩序之间形成的良好循环互动,其实是《王制》另一重要主题的延续。这个主题就是苏格拉底用以建立"美好城邦"的基本原则——灵魂秩序与城邦秩序的同构性。在当代学界对"灵魂-城邦"模拟的研究中,乔纳森·李尔(Jonathan Lear)的因果-心理学(casual-psychological)解释方法最突出地体现了其中的相关性。李尔将《王制》中城邦秩序决定灵魂秩序和灵魂秩序反过来影响城邦秩序的现象分别称为《王制》的"内化"路径和"外化"路径,即政体内化为灵魂,灵魂外化为政体。李尔所作分析的敏锐之处在于,他正确地指出,柏拉图那里的核心论证是,政体内化为灵魂和灵魂外化为政体的平衡点只有一个,那就是前述《王制》424a 处提及的、像轮子(kuklos,424a)一样持续运转的城邦。① 也就是说,只有在理想政体的情况下,才能真正形成政体和灵魂之间稳定的正循环关系。非理想政体必定不能维系其政体内化与灵魂外化的平衡,最后一定是以蜕化的方式引申出政体的变革,演变为另一种形式的新政体,此即所谓政体革命的产生。因此,《王制》用以取代法治的教育城邦规划实际上建立在灵魂-城邦模拟的基础之上。

而在柏拉图研究领域,我们往往在比附的意义上将柏拉图的"灵魂-城邦模拟"称为"社会学小宇宙论",②比如费拉里在他研究柏拉图灵魂城邦模拟的著述里曾使用过"个人小宇宙"(individual microcosm)和"政治大宇宙"(political macrocosm)这样的表述,而厄文(Terence Irwin)则将灵魂-城邦的结构模拟性原则直接称为 MM 原则(macrocosm-microcosm)。③ 于是我们在《王制》的法治批判里看到的毋宁是这样一个模型:

大宇宙:城邦秩序

小宇宙:灵魂秩序

不过,问题在于,为什么理想政体可以维系政体内化与灵魂外化的平衡? 李尔诉诸的解释是,首先,"哲人根据神圣的秩序为自己的灵魂塑形,他将神圣的秩序内化为自己灵魂的秩序;唯有先完成这一内化,

① 乔纳森·李尔,《〈理想国〉的内与外》,刘未沫译,载于娄林主编,《〈理想国〉的内与外》,北京,华夏出版社,2013,页 18。

② R. Allers,《小宇宙:从阿那克西曼德到帕拉塞尔苏斯》("Microcosmus: From Anaximandros to Paracelsus"),载于 Traditio Vol. 2(1944),页 323。

③ G. Ferrari,《柏拉图〈王制〉中的城邦与灵魂》(City and soul in Plato's Republic),Chicago:University of Chicago Press,2003,页 94、89;T. Irwin,《柏拉图的道德理论:早中期对话》(Plato's Moral Theory:the Early and Middle Dialogues),Oxford:Oxford University Press,1977,页 331。

他才能进一步按照自己灵魂的秩序形塑城邦"。①

这个判断实际上表明了,李尔所理解的政体和灵魂之间的正循环关系其实依赖于某个外在于循环的神圣秩序。也就是说,这个循环的始点并不在这个循环之中,如果说存在着某种内化的途径,那么第一步的内化并不是政体内化为灵魂,而是神圣的秩序内化为哲人的灵魂秩序。这个外部的条件是李尔的阐释未曾说出的,而如果这个外部条件是必需的,那么灵魂城邦的模拟结构毋宁又是这样的:

第一层:宇宙秩序
第二层:哲人王的灵魂秩序
第三层:城邦秩序

有意思的是,沃格林本人重构的《王制》中的"活的法"模型就和李尔的看法极为相似。在沃格林看来,柏拉图的哲学存在这样一个神秘的链条:链条的第一个环节是从天堂中的城邦到哲学家-拯救者(philosopher-savior),哲学家-拯救者通过与神圣理念的交流使自己的灵魂充盈在理念的本质之中,从而使自身成为[天堂中的]城邦的化身,链条的第二个环节是从哲学家-拯救者到人民,哲学家不得不用自己的灵性本质同化人民,从而使他们转化为地上城邦的一员。②

我们看到,在李尔的这个三重模拟关系里,沃格林描述的神秘链条毋宁又以某种方式回来了——虽然李尔和沃格林完全属于两种类型的学者,但在这个问题上他们的见解却惊人相似——这是另一种形式的存在巨链,几乎无法轻易摆脱。如果说《王制》的法治批判依赖于灵魂秩序和城邦秩序之间的循环互动,灵魂秩序和城邦秩序之间的循环互动又依赖于某个外在于循环的神圣秩序,而哲人王又是这个神圣秩序进入城邦的唯一途径,那么,哲人王确实在某种意义上是《王制》中法治批判最终的枢机所在。

因此,尽管《王制》没有诉诸统治者的智慧高于实定法的论证,而是求诸教育高于法律的论证,但作为统治者,哲人王的智慧,以及他所洞察到的神圣秩序却是《王制》的教育城邦之所以可能的前提条件。

---

① 李尔,《理想国的内与外》,前揭,页18。
② 同上,页104。

而如果如前文所述,由于在护卫者的教育实践里,儿童已经从游戏和音乐中接受了良好的礼法(425a),不必另外制订成文的法条,因此我们可以在比附的意义上说,《王制》中的"教育"(paideia)是真正的"活的法",那么,作为教育实践来源的"哲人王"是不是更有理由被称为"活的法"？

换言之,nomosempsychos 的第一个模型是不是也以曲折的方式存在于《王制》之中?

六

不过,严格说来,上面所模拟的三重结构仍然不够完备。按照《王制》描述的格局,其实还应当有第四层秩序,即城邦公民(或护卫者)的灵魂秩序。因此,真正完备的模拟结构应当是这样的:

第一层:宇宙秩序
第二层:哲人王的灵魂秩序
第三层:城邦秩序
第四层:城邦公民的灵魂秩序

从这个模型的结构来看,第一层与第二层是通常我们所见的大宇宙-小宇宙关系,第三层和第四层是另一种大宇宙-小宇宙关系:前者是带有形而上学预设的真正意义上的小宇宙论,哲人王的灵魂在其中就好比是中世纪哲学中的宇宙魔镜或世界的纽节(nodus et vinculum mundi);后者则相当于阿勒斯(R. Allers)所谓"社会学小宇宙论"。前者是纯形上学的,后者是政治学的。哲人王的神秘洞见体现在第一层和第二层之间的联系上,而《王制》诉诸教育则体现在第三层和第四层之间的联系上,它们之间即城邦秩序和灵魂秩序之间建立的正循环联系,就是《王制》护卫者教育的动力机制。

不过,恰恰因为第三层和第四层之间是一种循环的关系,所以它们的位置实际上可以互换。因此,还存在这样一种形式的结构:

第一层:宇宙秩序
第二层:哲人王的灵魂秩序

第三层:城邦公民的灵魂秩序

第四层:城邦秩序

尽管哲人王按照他洞察到的神圣智慧创造了这个教育的机制,但由于城邦秩序和灵魂秩序的运转必定是互相决定的,因此我们很难说,政体内化为灵魂的过程和灵魂外化为政体的过程在逻辑上哪一个居先。哲人王创造的毋宁是这个像"轮子"一样可以自行运转的教育共同体和政治共同体,在这个教育共同体和政治共同体中,因果-心理学联系让政体内化为灵魂的过程和灵魂外化为政体的过程结合为一个整体,一个社会学和政治学的小宇宙。

但是,正如前文所述,上面的四重结构里存在着两种大宇宙-小宇宙关系:由第三层和第四层组成的政治学小宇宙和由第一层与第二层组成的形而上学的小宇宙具有不同的性质。我们会发现,在这个四重结构里,第三层和第四层的位置可以互换,而第一层和第二层的位置却不能互换。哲人只是宇宙秩序的观察者,不是宇宙秩序的缔造者,我们不可能用因果-心理学联系来描述宇宙秩序和哲人的灵魂秩序之间的关系。于是,在这个四重结构的存在锁链里,似乎出现了一个根本性的分裂。而且,这个分裂几乎不可避免。

在我们界定的 nomosempsychos 的第一种模型那里,我们曾经列举了四个基本含义:(1)在宇宙秩序、灵魂秩序和城邦秩序之间存在着的某种传导关系;(2)某个"人格性存在"处于这个传导关系的中心位置;(3)在宇宙秩序与这个"人格性存在"的灵魂秩序之间往往包含着神秘主义的成分;(4)由于这个神秘主义成分,"人格性存在"的灵魂秩序对于城邦秩序或实定法具有优势地位,因此往往体现为不受实定法的限制。

对于《王制》的哲人王学说,第二重规定和第三重规定毫无疑问是符合的;第四重规定经过前述修正,也勉强可以在比附的意义上成立。但本节的分析却表明恰恰第一重规定存在疑问。恰恰在最基础性的规定上,《王制》的规划不同于 nomosempsychos 的一般性规划。实际上,这里最大的困难在于,在所有 nomosempsychos 的叙述里,第四个成分都是不必要的;而在《王制》所创立的叙事里,第四个成分恰恰不可或缺。这并不是说 nomosempsychos 彻底与城邦公民的灵魂无关,而是说 nomosempsychos 的论证并不允诺在城邦秩序和公民的灵魂秩序之间形成互动。这个互动对于 nomosempsychos 的叙事来说是不必要的,因为,统治者是活的法,这个具有神秘洞察力的统治者会接管一切。

而一旦引入第四个成分,一旦需要涉及城邦秩序和公民的灵魂秩序,那么,这个教育共同体和政治共同体就注定要从存在的神秘锁链中脱离出来。哲人王看似在宇宙秩序、灵魂秩序和城邦秩序之间的传导关系中处于中心的位置,但是,他所创立的这个教育共同体和政治共同体本身却是自足的,它注定要从存在的超越性秩序锁链中断裂出来。而这个断裂将表明,政治性的自足与哲人的存在之间有着根本性的冲突。同时,由于这个断裂的存在,哲人王事实上注定只能是一个消极意义上的统治者,而不是沃格林意义上的 nomosempsychos。

七

就沃格林本人而言,他之所以认定柏拉图的"哲人王即活的法",或许还取决于他本人的智识背景。

在沃格林的智识背景里,有一个他极度推崇的作者,那就是让·博丹。沃格林曾经说,"这位法国思想家的伟大之处就在于,他对一种把人和政治的宇宙结合为一体的统治制度的持续关注"。① 这种我们通常称之为政治宇宙论的模型,在博丹那里被沃格林表述为这样的图式——宇宙论的建构类似于政治体的建构,政治体被设想为一个类似于宇宙的东西,也就是一个小宇宙;国家的统治者地位被设想为类似于宇宙的神的统治和天使等级。这种类似于宇宙的政治体可被视为处于一个类似于上帝的主权者的绝对统治之下。

但是这个神秘的政治宇宙论的模型究竟意味着什么? 沃格林指出:

> 博丹认识到,战场上形形色色的神学真理之间的斗争只有通过这样的理解才能得到平息,也就是,与神秘的洞见相联系,这些教条性真理仅具有次等的重要性。他想要他的主权者、法兰西国

---

① 沃格林,《政治观念史稿(卷五):宗教与现代性的兴起》,霍伟岸译,上海:华东师范大学出版社,2009,页233。

王,即使不是神秘主义者,也至少应该被一个像他自己这样的神秘主义者所指导,为的是站在意见统治(dogmatomachy)之外。我在30 年代初对博丹工作的悉心研究使我对神秘主义在社会无序时代的功能第一次有了全面理解。(同上)

从上面的两段话,不难看出沃格林对博丹的理解极大地影响了他对《王制》中"哲人王即活的法"的判断。事实上,对于沃格林而言,柏拉图与博丹的确存在某种神秘的契合关系。从文本上,我们看到,沃格林不仅将博丹的《国家六书》视为柏拉图《王制》的现代版本,将博丹晚期著作《自然的剧场》以及《崇高事物奥秘之七人谈》视为《蒂迈欧》和《法义》的现代版本,而且,在他看来,博丹对于三种灵魂类型的区分,以及他们在城邦中各自位置的表述也都遵循了柏拉图的分类学和模拟方法,甚至,在最为重要的意义上,在柏拉图那里带领灵魂走向对善的洞见的爱欲(eros)也与博丹的神秘主义倾向即灵魂净化及其皈依上帝有相似之处,因为这个皈依上帝的神秘主义者的灵魂秩序最终还将成为社会秩序的范本。①

不过,如果说对沃格林而言博丹与柏拉图之间存在某些相似性,那么与其说博丹的政治宇宙论图式来自柏拉图,还不如说沃格林的柏拉图解释来自博丹。博丹的政治宇宙论图式出现的问题,或许注定要以某种方式介入到沃格林的柏拉图解释中去。

比如,沃格林曾指出,博丹的政治宇宙论面临着一个困难,他依赖于一个泛精神化的宇宙,而这个泛精神化的宇宙是(伪)狄奥尼修斯(Dionysius Areopagita)意义上的智识存在的合作等级制关系。但(伪)狄奥尼修斯意义上的智识存在有可能会介入和干扰上帝与人之间的直接联系,似乎在没有上帝的情况下这个泛精神化的宇宙也可以自行运转,于是,"宇宙变得像是一个宪政君主国,其中国王只是一个仪式性的人物,而实际的权力掌握在他的大臣手里"。②

——这句话预示了"哲人王即活的法"这个命题的全部困难。

---

① 沃格林,《政治观念史稿(卷五):宗教与现代性的兴起》,页 232－233、276－277。
② 同上,页 242。

古典自然状态论

林志猛*

（浙江大学哲学系）

摘　要：柏拉图笔下的立法者根据自己的习俗经验，将所有城邦之间的战争视作自然状态，并认为人人皆敌。立法者依从敌对性原则和地理性"自然"来制定法律和政制，使其指向战争的胜利，战果就成了自然的善。通过对比城邦与个人、外战与内乱，柏拉图显明，立法者在构建政制制度时，更应关注政治共同体和个人灵魂的内在和谐与有序。友爱、和谐与共善，对于城邦与人同样"自然"。古典哲人所理解"自然状态"有别于现代哲人，由此也形成了不同的政制设计。

关键词：柏拉图　自然状态　战争　内乱

自然状态是卢梭、霍布斯等现代哲人极为关注的问题，霍布斯将每个人对每个人的战争设定为自然状态，[①]并提出相应的国家和法律学说。但对自然状态的描述并非现代哲人首创，古典哲人柏拉图也阐述过相关看法。在《法义》（*Laws*）中，柏拉图早已谈过，所有城邦之间的永恒战争天然存在，"一切人对一切人皆是敌人"（626a－d）。[②]但在这部副题为"关于立法"的对话中，柏拉图会赞同此说吗？法律和政制的根基是否应建立在人人相残的自然状态上？古典哲人对自然状态和人性的理解会与现代哲人有何不同？

---

*　作者简介：林志猛（1980－　），男，福建厦门人，文学博士，哲学博士后，浙江大学哲学系副教授、博士生导师，主要从事古希腊哲学、法哲学等研究。

① 霍布斯，《利维坦》，黎思复等译，北京：商务印书馆，1996，页94。

② 文中《法义》（旧译《法义》或《法律篇》）引文为笔者据希腊原文译出，原文校勘本参 J. Burnet，《柏拉图全集（卷五）》（*Platonis Opera*）（Tom. V），Oxford：Clarendon Press，1907。

一、城邦的自然状态

柏拉图《法义》的主题是探讨"政制与礼法",对话一开始就追问,克里特的礼法"依据什么"(κατὰ τί)规定了三种制度:公餐(συσσίτια)、体育训练(γυμνάσια)和所用的武器(《法义》625c6 - 8)。如果克里特法是恰切制定的,就应该有恰当的目的。公餐是克里特和斯巴达起先在战争中使用的特殊制度,体育训练和武器同样与战争息息相关,这一追问表明,克里特立法的目的可能主要着眼于战争。克里特立法者克勒尼阿斯(Kleinias)将表明,战争是城邦间的自然状态,他们根据这一自然状态来制定法律。

关于这些制度的使用,克里特立法者首先解释,由于克里特土地崎岖不平的自然(φύσιν)特性,他们更适合跑步这一体育训练,而非像平坦的忒萨里(Thessaly)那样更常骑马。由此也可进一步说明他们选择的武器类型:对于这种崎岖的地形,轻便甲胄而非重装武器是必要的(ἀναγκαῖον),轻巧的弓箭尤其适合。克勒尼阿斯相信,克里特立法者规定的所有训练和武器类型,皆指向战争。而立法者规定公餐的原因也在于,因行动需要而被迫(ἀναγκάζονται)使用的公餐,有利于战争期间的防卫(《法义》625c9 - e5)。

克勒尼阿斯将克里特的制度安排归结为土地的"自然"。克里特多山,跑步是其主要的体育训练,并因弓箭手著称。[①] 崎岖的地形决定了克里特人更适合用轻武器,但这并不意味着,快速的弓箭手只适用于克里特。更重要的是,从使用跑步和弓箭手而非骑兵,无法得出立法者在体育训练和武器上的所有规定都着眼于战争。尤其是体育训练的规定,也有可能是为了锻炼身体和维护和平。克勒尼阿斯从地理的"自然"而非人的自然本性来解释立法的依据和目的,并将自己的看法等同于克里特古代立法者的观点。他还从这种"自然"推导出运用轻武器的"必然性":他使用的两个语词ἀναγκαῖον[必要的]和ἀναγκάζονται[被迫],跟ἀνάγκη[必然性]的词根相同。在《法义》中,柏拉图区分了

---

① 参 K. Schöpsdau 译注,《柏拉图〈法义〉(卷一至三)》(*Platon Nomoi* [Gesetze] Buch I - III),Göttingen: Vandenhoeck & Ruprecht,1994,页 158,625d2、625d6 笺注。

三种必然性:自然的必然性、属人的必然性和神圣的必然性。自然灾
害、瘟疫等造成人口减少,这是自然的必然性(740e-741a)。属人的必
然性则指,人必然有快乐、痛苦、欲望和差异(757b-758a)。但对神而
言,必然不会受制于欲望、快乐等属人的情感(817e-818e)。① 克里特
立法者以地理自然的必然性为立法的准则,并未考虑到另外两种必然
性。他在此只提及克里特"土地"的自然特性,却未指出克里特另一个
更重要的地理特征:海岛。米诺斯(Minos)王将克里特打造成海上帝
国,征服了诸多城邦。② 有关海上作战的训练(如航海)和武器,在克里
特也至关重要。但克勒尼阿斯忽略了克里特的海洋性质。因此,即便
说立法基于地理性的自然,克勒尼阿斯对这种自然的理解也是不全面
的。此外,在谈论这些属人的制度时,他压根没涉及人本身,尤其是人
的灵魂的自然本性。

克里特立法者如此理解克里特制度,是因为他认为:

> 立法者会谴责多数人的无知(ἄνοια),他们没有认识到,每个
> 人的一生,皆与所有城邦有一场永无休止的战争。如果在战争发
> 生时,因防卫而需要共餐,以及统治者和被统治者有序地轮流守
> 卫,那么,在和平时期也应该这样做。因为,绝大多数人所谓的和
> 平只不过是个空名;实际上,一切城邦对一切城邦的不宣而战
> (πόλεμον ἀκήρυκτον),依据自然(φύσιν)就一直存在。如果这样考
> 虑和平,你无疑会发现,克里特的立法者为我们制定的一切习俗,
> 公共的和私人的,皆着眼于战争。依据这些[原则],立法者给出
> 了用于防卫的法律。因为,在他看来,没有什么是真正有用的,无
> 论财产还是事业,除非我们在战争中做主宰。那时,战败者的所有
> 好东西均属于胜利者了。(《法义》625e-626b)

---

① 参林志猛,《立法哲人的虔敬:柏拉图〈法义〉卷十义疏》,北京:中国社会科学
出版社,2015,页107-108。

② 参希罗多德,《原史》(又译《历史》)1.171、3.122;修昔底德,《伯罗奔半岛战争
志》1.1.4、1.1.8;亚里士多德,《政治学》1271b30-40。亦参 G. Morrow,《柏拉
图的克里特城邦:对〈法义〉的历史解释》(Plato's Cretan City: A Historical Inter-
pretation of the Laws),Princeton:Princeton University Press,1960,页17。

在克勒尼阿斯看来,立法者会谴责多数人的无知(ἄνοια)。显然,克里特政制绝非民主制,不然何以谴责"多数人",并轻蔑地视之为无知。① 所谓的立法者的"认知"仅在于看到:每个人与所有城邦的战争伴随终生、永无休止,和平只是空名,"一切城邦对一切城邦的不宣而战"才是"自然"状态。在此,克里特立法者没有明确解释战争为何永恒存在,仅仅是说和平具有虚假性。但他对公餐的看法暗示了这样的推论:他先从战时公餐的必要性,推导出公餐在和平时期也有必要实行。既然源于战争的公餐在各个时期都存在,他就反过来得出,战争是永恒的。可是,如果存在"和平时期",就不能说和平压根不存在,顶多只能说和平具有暂时性。或许,战争的频繁致使克里特立法者否定了和平的可能性。因此,公餐只是战争的产物和辅助手段,和平时期的公餐并非为了训练节制或增进友谊和团结以避免内争,而只不过是战争习惯的延续。有些战争中的做法,如统治者与被统治者轮流守卫,在和平时仍值得保留,但这是否意味着,战争时期的各种做法在和平时期都有必要保留?譬如,欺骗和残酷对敌是战时的常见做法,在和平时期也有必要公然为之吗?

克里特立法者认为战争永无休止是因为,他把战争与常规性的习俗关联起来。公餐原本只是战争时期的做法,但在变成习俗通用于和平时期后,就像是一桩自然事实。克里特立法者从常规性的公餐习俗推导出城邦间的永恒战争是自然状态,是否表明克里特的制度指向永恒的实在呢?无疑,立法者若要实现这点,必须着眼于法的实在本身,以免自己的习俗经验扭曲实在,而背离自身的意图。② 每个人与所有城邦的战争永无休止,公餐始终存在,这些是克勒尼阿斯的个人经验。从这些经验中,他得出一切城邦间的战争是自然状态,并将其归为克里特立法者的观点。通过将公餐这一"习俗"转变为"自然",克里特立法者也将战争的非常态性转变为普遍而永恒的自然状态。他甚至毫不掩饰地宣扬,在战争中真正有用的是做主宰,而非财产或事业。因为,战胜者可以获取战败者的所有好东西。这种

---

① A. Whitaker,《柏拉图政治学之旅:柏拉图〈法义〉》(*A Journey into Platonic Politics: Plato's Laws*),Lanham:University of Press of America,2004,页17。

② S. Benardete,《柏拉图〈法义〉:发现存在》(*Plato's "Laws": The Discovery of Being*),Chicago:University of Chicago Press,2000,页9-10。

弱肉强食、成王败寇的看法,在古代世界很常见。① 在柏拉图的时代,主流观点认为战争是多里斯人的目标。在色诺芬《居鲁士的教育》中,居鲁士对赢取胜利的辩护是,战争的胜利能保护自己所有"高贵和好的东西"(καλὰ πάντα καὶ τάγαϑὰ),并给弱者带来好的东西,使之变为强者(II. 1. 17)。居鲁士虽未把作战训练的目的视为永无休止的征战,但也表明其旨归在于捍卫城邦和自身的"财富、幸福和荣誉"(I. 5. 8)。他也提出了类似克勒尼阿斯的说法:"战败者的所有好东西永远被设立为胜利者的奖品"(II. 3. 2 - 3)。②

因此,立法者若将城邦间的战争视为自然状态,仅着眼于从战胜中获得财富、领土等"好东西",未必能确保城邦的长盛不衰。克勒尼阿斯试图从战争来理解立法的目的,并使善(ἀγαϑός)依赖于胜利。这意味着,只有始终取得胜利,才能获得善。但战争无休无止,克里特制度能保证战无不胜吗?克里特的弓箭手如离开本土到海外作战,就一定能战胜像忒萨里的骑兵之类的敌人吗?战争若是自然状态,战果也就成了自然的善。但作为战利品之一,没被赎回的战俘变成奴隶,却是基于习俗而反自然的——强迫人成为奴隶有悖于人的自然本性。③ 看来,对于战争的本质、立法的目的、自然、善等等,需要重新理解。

克里特立法者运用了大量对立的概念,如平坦与崎岖,轻武器与重武器,战争与和平;公共与私人,统治者与被统治者,胜利者与战败者;无知与认识,空名与行动。这些对立概念符合克里特立法者对敌对性的强调,看起来与自然哲人赫拉克利特有关联。④ 赫拉克利特有一句名言,"战争既是万有之父,亦是万有之王,这既证明了诸神,亦证明了

---

① 参修昔底德(Thucydudes),《伯罗奔半岛战争志》(The Peloponnesian War),Lattimore 译,Indianapolis:Hackett Publishing Company,1998,5. 89。

② 根据《法义》与《居鲁士的教育》表达上的相似性,A. Dworin 表示,柏拉图写作《法义》时可能想着《居鲁士的教育》。至少,在柏拉图的时代,多里斯人的战争目标是主流观点。参 A. Dworin,《战争问题如何形塑柏拉图的〈法义〉》(How the Problem of War Shapes Plato's Law),博士论文,University of Chicago,2004,页42。

③ 参施特劳斯,《自然权利与历史》,彭刚译,北京:北京三联书店,2003,页 104 - 105。亦参《法义》642c6 - d1,真正的善出于自然本性,无需强迫。

④ 参葛恭,《柏拉图与政治现实》,黄瑞成等译,上海:华东师范大学出版社,2010,页 169。在葛恭看来,这段话充满对哲学终极因的思考。

人(类);既造就了奴隶,亦造就了自由人"(DK 22B53)。① 在赫拉克利特眼里,对立冲突乃是事物变化的根源,敌对性塑造了每一存在者本身。克里特立法者将战争的敌对性置于首位,并当作自然状态,很可能受到自然哲人的影响。此外,克里特立法者极度轻蔑多数人的意见显得反民主。但他希望击败所有城邦,看起来又像具有帝国野心的僭主。或许,通过这个矛盾,柏拉图将揭露克里特立法者成问题的战争观和立法观。同时暗示,要深入思考立法的目的,应超越民主或僭主的视角。

二、人的自然状态

克里特立法者将城邦与城邦之间的关系理解为敌对的自然状态。那么,村社与村社、家庭与家庭、人与人之间是否也如此呢? 甚至,自己与自己的关系也如同敌人与敌人的关系(《法义》626c6 - d2)。柏拉图从城邦上升到个人,展现了城邦—村社—家庭—个人这一自然秩序,这种"自然"有别于地理性的自然。城邦间的战争是对外的战争,村社、家庭或个人之间的争斗则属于内部事务。本应内外有别的事情,克里特立法者却一视同仁。倘若一切城邦间的战争是一种自然状态,那个体内部的战争也是自然状态吗? 人的自然又是什么? 克里特立法者未能深入思考这些问题,而是认为:"在公共领域,一切人对一切人皆是敌人,而在私底下,每个人自己对自己均是敌人"(《法义》626d3 - 9)。

克里特立法者只是阐述了立法的出发点和意旨,并未涉及治理得好(εὖ πολιτευομένης)的城邦(《法义》626b6 - c2)。πολιτεύω意为"采取某种政制"、"治理城邦",柏拉图由此提醒我们,理解立法首先要理解政制。从好城邦的 ὅρον [标准、尺度、定义]来看,可以说,治理得好的城邦的标准就是《王制》中哲人称王的最好政制。《法义》卷五将告诉我们,最正确的程序是,依次阐述最好的政制、第二好和第三好的政制,以让负责创建政制的人依不同的情形做出选择。而政制最好的城邦,法律也最好(739a1 - c1)。显然,就《王制》中最好的政制而言,战争中的获胜并非其标准。

---

① 又如"这神是白日与黑夜,是冬与夏,是战争与和平,是饱足与饥饿"(辑语67);"我们踏入且没有踏入同一条河流;我们在又不在"(辑语49a);"与人类相比,最美丽的猴子也生得丑"(辑语82)。刘小枫译文。

克里特立法者提出"一切人对一切人皆是敌人"这个骇人听闻的观点，也是现代哲人霍布斯的著名看法。在《利维坦》和《论公民》中，霍布斯从人的自然本性推导出，单纯的自然状态就是每个人对每个人的战争状态。霍布斯预设，自然使人身心方面的能力非常平等，从而平等地希望达到自己的目的。这样，当他们欲求相同的东西时，尤其是想自我保存时，就会彼此为敌。竞争、猜疑和荣誉是造成争斗的主要原因。① 能力平等使人人都渴望握有权力并支配他人，对权力的非理性追求乃是人的自然欲望。而这正是基于人的虚荣自负或骄傲，基于人获得权力时的快乐。② 但悖谬的是，虽然人人出于自然本性而追逐权力的最大化带来的快乐，却导致人人为敌，而陷入暴力横死的恐惧中。由于这种恐惧是最强烈的情感，自我保存就成了最强烈的欲求。但自我保存最需要的是和平的德性，从而摆脱人人为敌的自然状态。矛盾的是，倘若虚荣自负或支配他人是人最根本的自然欲望，为何会有畏死的恐惧呢？显然，一个具有强力意志支配他人而极其自负的人，是不会恐惧和怕死的人。相反，这种人的心智相当坚韧和大胆，自我保存不会成为他的关注点。

在霍布斯看来，人的自然本性不是为了寻求朋友，而是要从中追求荣耀和利益。因此，在《论公民》开篇，他就明确反对亚里士多德将人看作天生的政治或社会动物。所有社会的存在皆是源于利益或荣耀，是爱自己而非爱朋友的结果。与他人的依靠或联合，不能突显一个人的价值而增加他的自豪。人是因为恐惧才不得已走向社会，社会起源于恐惧而非仁慈。③ 从霍布斯对荣耀和利益的强调来看，他确实与克里特立法者有相似之处。克里特政制作为荣誉政制，爱荣誉、爱胜利是其本质之一。而追求胜利的动机，乃是利益、好处。不过，克里特立法者是根据自然地理和习俗经验得出，一切城邦之间以及人与人之间相互为敌。霍布斯则假定，人人自然平等，并有支配人的强力意志，恐惧、敌对而非友爱才是社会的基础。克里特立法者与之不同的是，他并不认为人人自然平等。相反，他非常蔑视多数人，而默认了多数人与少数

① 参霍布斯，《利维坦》，前揭，第 13 章，页 92－94；《论公民》，应星、冯克利译，贵阳：贵州人民出版社，2002，页 9。
② 参施特劳斯，《霍布斯的政治哲学》，申彤译，南京：译林出版社，2001，页 13。
③ 参霍布斯，《论公民》，前揭，页 5－6。

人的区分。其实,霍布斯的观点与古典哲人大相径庭。在柏拉图和亚里士多德眼里,人的天性除了会追逐自己的利益外,更根本的是爱、友谊与和谐的群居生活。①

克里特立法者区分了公私领域的敌对性,并进一步指出,"自己战胜自己(τὸ νικᾶν αὑτὸν αὑτὸν),在所有胜利中是首要的和最好的。而自己打败自己(ἡττᾶσθαι αὑτὸν ὑφ᾽ ἑαυτοῦ),则是所有失败中最可耻的同时也最糟糕的"。由此表明,自己针对自己的战争内在于每个人当中(《法义》626e)。克里特立法者接连使用反身的表达方式,以突显人自身的内部关系,从而将人性处境内在化,并戏剧性地引入伦理维度。②柏拉图起初追问,治理得好的城邦是否旨在战胜其他城邦。现在可以问,治理得好的村社、家庭和个人是否旨在战胜自身。自己内部、城邦内部要治理得好,应获得什么样的胜利? 所有胜利都好吗?

霍布斯看到了人虚荣、骄傲的自然本性,但他最终被恐惧这种他视为最强烈的情感"打败",仅仅着眼于身体的自我保存这一外在的最低诉求,并未致力于灵魂的完善这种内在的最高追求。克里特立法者在战争的语境中谈论个人的问题,强调的是人不应让自己的胆怯、懒散等打败,要用自己的强大血气或意志去战胜各种困难。他被引向人自身内的战争,最终便有可能发现,人灵魂中的不同部分存在争战。灵魂中高的部分(理性)战胜低的部分(血气和欲望)才真正是"首要的和最好的"胜利,反之则是最可耻和最糟糕的失败。不过,人自身内除了争战外,更重要的和谐(和平)——灵魂内部的和谐才是真正可欲的,至少应该说,灵魂内的战争是为了和平(和谐),战争不是目的本身。

三、对外战争与内乱状态

从一切城邦间的敌对到一切人之间的敌对,再到每个人自身内部的战争,克里特立法者一步步将敌对的自然状态上升为最高原则。但柏拉图提出一个反例:对于家庭而言,更重要的是和谐而非争斗。家庭

---

① 参施特劳斯,《自然权利与历史》,前揭,页130。在《法义》卷三开头,雅典异方人将描述人原初的状态:友爱,淳朴,不贫不富,不用因贫困或食物而相互争斗(678e9 – 679c8)。

② 参 K. Schöpsdau 译注,《柏拉图〈法义〉(卷一至三)》,前揭,页160。

的和谐比冲突更可取,同样,值得城邦追求的是和谐而非内乱(στάσις) 。如果立法者应给城邦带来和谐,那他在安排(κοσμοῖ)城邦的生活方式时,更该关注的是内乱而非外部战争。因为,城邦若是发生内乱,每个人都会期望尽早结束(《法义》628a9 - b4)。从家庭过渡到城邦,柏拉图首先着眼于城邦"生活方式"的有序。政制就是城邦生活方式的体现,这意味着,有序的政制是立法者的第一关注点。好的政制会使城邦井然有序、和谐一致,从而使城邦民众免于相互冲突,甚至引发内战。政制是城邦内在秩序的表征,没有恰切地理解政制和城邦的内部结构,就难以把握立法的目的。

柏拉图特意突出内乱(στάσις)与对外战争(πόλεμος)的区别。《王制》也明确区分了这两者:内乱指自己的和本族的仇恨,战争则指异己的和外族的仇恨。希腊人与外邦人打起仗,他们的仇恨就称为战争。但希腊人之间若陷入这种状态,则可谓有病(νοσεῖν)和内乱。但内乱中胜者若有意愿和解,而不使城邦始终处于战争状态,就可算是节制/中道(μέτριος)。苏格拉底甚至将内乱中的一方称为纠正者而非敌人,而且与克勒尼阿斯相反,他还点明,希腊人不会同意把每个城邦的所有人都当作敌人,只有少数敌人应受惩罚,对待蛮族人同样如此。① 正是在这一点上,阿德曼托斯要求苏格拉底谈谈这种政制如何实现(《王制》470b - 471e)。由此可见,内乱和对外战争的解决关乎政制和节制(德性)。

在克里特立法者看来,战争是自然状态。尽管他看到人类永恒冲突的状态,但对这种冲突的渲染表明,他的灵魂里缺乏节制和对僭主野心的检审。② 实际上,内乱使城邦陷入分崩离析的境地,可谓反自然的状态。立法者和统治者必须尽力避免或消除内乱,才可能免于或专心对付外患。至少,内部的和平与稳定是成功抵抗外敌的保证。柏拉图提出了带来和平的两种方式:一是消灭某些人并战胜另一些人,二是经由调解获得友谊与和平。第二种方式显得更可取,因为,注意外敌乃是

---

① 参荷马,《伊利亚特》,罗念生译,上海:上海人民出版社,2004,9.64;希罗多德,《历史》,王以铸译,北京:商务印书馆,2005,8.31。

② 参 B. Cusher,《从自然灾难到人类灾难:柏拉图论成文法的起源》("From Natural Catastrophe to the Human Catastrophe: Plato on the Origins of Written Law"),载 Law, Culture and the Humanities,2013,Vol.9(2),页293。

心智(νοῦν)的必然性(ἀνάγκην)(《法义》628b-c)。

克里特立法者毫不犹豫地选择了调解的方式。此前,他曾将和平称作空名和多数人的无知观点,但从外部返回内部后,他不得不留心和平问题。令人惊奇的是,这里将关注外敌看作是心智的必然性,迥异于克里特立法者将战争追溯到地理自然的必然性。但凡有心智的立法者,必然会对外敌有所留意。不过,柏拉图的《厄庇诺米斯》还指出,在所有必然性中,最强大的是"获得心智的灵魂的必然性"。这种灵魂立法来行统治,但自身却不必受法律统治,因为他能根据最好的心智作出最好的决定(982b-c)。① 最好的统治是智慧者的统治而非法的统治,柏拉图在提到法律调解处理内乱时引入心智的必然性,这无疑暗示,法的统治需要结合最好心智(智慧者)的统治——混合政制可能是现实中可行的最佳政制,也是避免或消除内乱的最好方式。实际上,要避免内乱需要统治者和被统治者都有所节制。克里特的政制正是因不够节制,致力于对外战争,便也经常发生内乱,甚至受外敌入侵。

克里特立法者逐渐认识到自己城邦内部的问题,他也希望通过调解获得友谊与和平。但真正的立法需要再次上升,让所有礼法皆着眼于最好的(ἀρίστου)东西。可是,最好之物既非对外战争,也非内乱,虽然这两种令人憎恶的事情具有必然性。起码应该说,最好之物是和平及彼此间的友善(φιλοφροσύνη)。就连城邦对自身的胜利也只是必需(ἀναγκαίων)之物,而非最好之物(《法义》628c6-d1)。尽管内外战争具有必然性,但必然性并非理解人类事务和行事的最高准则。立法若仅仅依据战争的必然性和实际的需要,那不过是从最低的要求和实然出发。立法若旨在追求最好之物,便是从应然入手,这样才可能带来和平与友善这类较好的东西——所谓"取乎其上,得乎其中"。在此,城邦的自我胜利或内乱的消除仅为必需或手段,其本身并非目的,遑论最好。顶多可以说,胜利及其结果是目的。由此可见,内外战争不应视为自然状态。

对此,柏拉图以生病为喻进一步说明:

> 就像有人认为,一个患病的身体接受排泄(καθάρσεως)治疗后就可安然无恙,而从不转换心思(νοῦν),想想根本用不着这种治疗

---

① 柏拉图,《厄庇诺米斯》,程志敏等编译,北京:华夏出版社,2013。

的身体。同样,在城邦或个人的幸福上,以这种方式思考的人,如果他首先并仅仅考虑外部战争,他就绝不会成为一个正确意义上的治邦者(πολιτικός);他也绝不会成为严格意义上的立法者,如果他不是为了和平而制定战争方面的法规,反而是为了战事制定和平时的法规。(《法义》628d–e)

柏拉图常将立法者比作医生(《法义》720a 以下),内乱被视作一种疾病(亦参《王制》470c),医术对应于审判术,健身术对应于立法术(《高尔吉亚》464b)。城邦如同一种有机体,生病后需要恰当治疗才能恢复健康。不过,治疗的方式并非千篇一律。某些生病的身体可通过排泄(καθάρσεως)清除身体中的障碍,并不意味着所有病人都得采用这种治疗。καθάρσεως[排泄]也意指"净化",这个类比显示,城邦同样需要净化。但净化城邦是件极为繁难的事,没有一蹴而就的方法。柏拉图特别指明,心智不能仅仅专注于外敌,而要转换思考的方向——心智要转换到何谓"幸福"这类最根本的问题上。①

如果说内乱有如患病,那对这种疾病的治疗也只是必需,而非最好。因为,正如没有生病是首要的,不发生内乱才是最好的。然而,一旦发生了,就有必要恰当地解决。但这种解决仅为有条件的善,而不是善本身。若从至善和幸福来思考城邦与个人,就不应只停留在城邦间的外部战争上,一位"正确"的治邦者尤其应该如此。而一位"严格"的立法者,至少应着眼于和平制定战时的法规,而非相反。但最好的东西并非和平,而是德性和善。城邦要获得幸福,必须对灵魂中的好东西最为敬重(《法义》697b),并不断遇到拥有真理的立法者(709c),以正确立法。而变得幸福的人将成为好人,而非富人。严格意义上的立法者让人想起《王制》中严格意义上的医生、统治者等:在严格的意义上,各种技艺旨在其对象的利益,医生只关心病人的康复而非赚钱,他是身体的统治者而非赚钱者(《王制》341c–e)。② 正如严格意义上的医生会照料整个身体,严格意义上的立法者也会顾及整个城邦的利益。对外

---

① S. Meyer,《柏拉图:〈法义〉卷一和卷二》(*Plato: Laws 1 and 2*),Oxford:Oxford University Press,2015,页94。

② R. Parry,《柏拉图的正义技艺》(*Plato's Craft of Justice*),New York:State University of New York Press,1996,页16。

战争并非立法者唯一的关注点,整体城邦和个人的善与幸福才最值得注目。

柏拉图最终强调,无论对于城邦还是个人,敌对性并不是最基本的自然状态,人与人之间的友爱、和谐与共善同样自然。人与人、城邦与城邦有时会出于生存需要而相互掠夺和厮杀,但人类要存活下去并活得好,更为需要的却是和平、友善和德性。古典哲人拒绝将自我保存和敌对原则这一最低的起点作为自然状态,由此来设定法律和政制。在柏拉图看来,初民处于不贫不富的居间状态,人介于神与兽之间。人性本身有高有低,政治也有高低之分。自然状态其实是哲人基于人性和政治的设想,不同的设想会形成不同的法律和制度,而又把人性引向不同的维度。立法者和政治家必须考虑,依据什么样的自然状态来构建政制,才能给城邦与人带来尽可能的完善。

* 本文受国家社科基金后期资助项目"柏拉图法哲学思想研究"(15FZX027)资助。

芝诺《政制》中的"悖论"

徐 健*

（贵州大学公共管理学院）

摘 要： 廊下派芝诺的《政制》是所有希腊化哲学典籍中最有名也最受争议的作品，早在公元前 1 世纪左右就激起了一场大论战。这主要是因为该书论述了七项带有犬儒主义痕迹的、"令人不安"的悖论，分别关于普通教育、社会成员、共妻（含乱伦）、公共设施（和武器）、货币、服饰以及吃人肉。这场论战给今人定位和理解《政制》残篇带来不小的障碍，尤其是被廊下派阿忒诺多若斯从《政制》中剔除的上述悖论，更是有待重新认识。通过细读古代作家的相关引文，我们会发现，这些悖论更多只是在字面意义上与犬儒主义有关联，而实质上主要是为了挑战柏拉图的思想，这就在重要的意义上需要我们将《政制》一书重新置于古典的语境之中理解。

关键词： 廊下派芝诺 《政制》 悖论 犬儒主义 柏拉图

相比廊下派的其他政治哲学要著，廊下派创始人基提翁的芝诺（Zeno of Citium，最早师从犬儒克拉特斯［Crates］）的《政制》历来受到现代学术更为细致的关注。① 因为学者们公认，它是所有希腊化哲学

---

* 作者简介：徐健（1984 - ），男，浙江金华人，法学博士，贵州大学公共管理学院副教授、硕士生导师，主要从事西方政治哲学研究。

① 芝诺的 Πολιτεία 通常被英译为 Republic，以便对应柏拉图同名著作的标准英译名。但根据斯科菲尔德（M. Schofield）的观点，芝诺这部著作在主题和篇幅上非常接近色诺芬的 Πολιτεία of the Spartans，旨在处理理想公民的问题，因此应当翻成 The Citizen System（《公民体制》），参《捍卫城邦：哲人王及其他典范》（Saving the City：Philosopher-Kings and Other Classical Paradigms），London：Taylor & Francis e-Library，2005，页 52 - 54。考虑到色诺芬的那本著作一般译为《斯巴达政制》，故而我们可以将芝诺这本书的书名译成《政制》。

典籍中最有名也最受争议的作品,早在古代就激起了来自廊下派内部和外部的广泛论辩。那场著名论辩大概发生在公元前 1 世纪,主要针对《政制》中的犬儒学说问题:拉尔修记录过一句俏皮话,芝诺将这部作品"写在了狗尾巴上"。① 据西塞罗所言,在当时犬儒的名声非常糟糕,其"整个信条应当抛弃,因为它同廉耻相违背。没有廉耻,便没有什么东西可能是正确的,便没有什么东西可能是高尚的"。② 为此,当时的一些廊下派哲人在为芝诺辩解时,甚至不惜彻底否认《政制》在芝诺本人乃至整个廊下派思想中的权威地位,说它是芝诺早期的不成熟之作,还说芝诺真正重要的思想只有他的目的论;③而且,廊下派士人秃头佬阿忒诺多若斯(Athenodorus Cordylion)还借着自己执掌佩尔伽蒙(Pergamum)图书馆的便利,删除了《政制》中那些"令人不安"的、带有犬儒主义痕迹的论题或悖论(paradoxa)。④

　　无论如何,公元前 1 世纪的批判风波必然会给我们定位和理解芝诺的《政制》一书带来不小的障碍,尤其是阿忒诺多若斯所剔除的那些悖论,更是有待重新认识。《名哲言行录》7. 32 – 33 详细地记载了这些悖论:

　　　　首先芝诺在《政制》的开篇就宣称普通教育($\dot{\epsilon}\gamma\varkappa\acute{\nu}\varkappa\lambda\iota\sigma\nu$ $\pi\alpha\iota\delta\epsilon\acute{\iota}\alpha\nu$)是无用的;其次,他说($\lambda\acute{\epsilon}\gamma\epsilon\iota\nu$)所有坏人都是仇人($\dot{\epsilon}\chi\vartheta\rho\sigma\grave{\nu}\varsigma$)、敌人($\pi\sigma\lambda\epsilon\mu\acute{\iota}\sigma\nu\varsigma$)、奴隶和彼此间疏远的人,父母子女之间疏远,兄弟之间疏远,亲戚之间疏远,当他——还是在《政制》中——认为唯有

---

① D. Laertius,《名哲言行录》(Lives of Eminent Philosophers),R. D. Hicks 编译,Cambridge,MA:Harvard University Press,1925,7. 4;中译本参拉尔修,《名哲言行录》,徐开来、溥林译,南宁:广西师范大学出版社,2010。尤参斯科菲尔德,《廊下派的城邦观》,徐健、刘敏译,北京:华夏出版社,2016,页 12 – 36。

② Cicero,《论义务》(De Officiis),W. Miller 编译,Cambridge,MA:Harvard University Press,1913,1. 148;中译本参西塞罗,《论义务》,收于《西塞罗文集(政治学卷)》,王焕生译,北京:中央编译出版社,2010。

③ 对《政制》更详细的批判和辩护,参菜园派哲人斐洛德谟斯的《论廊下派》(Philodemus' de Stoicis)卷九至卷十七,转引自 D. Dawson,《诸神的城邦:希腊思想中的共产主义乌托邦》(Cities of the Gods: Communist Utopias in Greek Thought),New York:Oxford University Press,1992,页 159 注 59,页 169 – 170。

④ 《名哲言行录》7. 32 – 34;参斯科菲尔德,《廊下派的城邦观》,前揭,页 21 – 27。

好人才是(παριστάντα)公民、朋友、亲戚和自由人(结果是,在廊下派看来,父母和子女由于缺乏智慧相互仇视)时;①同样是在《政制》中,他主张共妻,并在第二百行处反对在各城邦(πόλεσιν)中修建神庙、法庭和体育场;关于货币他这样写道:"为了交换或旅行应引入货币,这种想法不可取。"他还要求男人和女人穿同样的衣服,要求全身上下都不遮盖。

拉尔修共记述了六项悖论,分别关于(1)普通教育、(2)社会成员、(3)共妻、(4)公共设施、(5)货币以及(6)服饰。在下文中,我们将按照这个次序,依次讨论这些主题。不过,芝诺的其他论著或廊下派哲学集大成者克律希珀斯(Chrysippus)的著作中还提到了有关乱伦、吃人肉、武器之无用性等难以想象的论题。尽管没有确切的证据表明这些论题也可以属于芝诺的《政制》,但为稳妥起见,我们仍有必要对它们加以考察。其中,除了(7)吃人肉作为独立主题来处理外,乱伦和武器问题分别放在(3)和(4)中讨论。

一、普 通 教 育

在宣称普通教育之无用时,芝诺很可能是针对广泛意义上的希腊

---

① 在 Baldry(《芝诺的理想国》["Zeno's Ideal State"],载于 *The Journal of Hellenic Studies* Vol. 79,1959,页 4)辑录这段文本时给出的正确标点符号的启发下,斯科菲尔德敏锐地注意到现在时单数四格分词 παριστάντα[并列起来;比较]从属于不定式 λέγειν[说],因此(2)下面的内容是一个句子,参《廊下派的城邦观》,前揭,页 13,注 1。这一处理也为 Vogt 所遵从,参《法律、理性和宇宙城邦——早期廊下派的政治哲学》(*Law, Reason, and the Cosmic City: Political Philosophy in the Early Stoa*),New York:Oxford University Press,2008,页 30,注 21。可比较 Hicks 的处理,他认为"还是在《政制》中"开启了另一种观点的陈述,参 D. Laertius,《名哲言行录》,前揭,页 144 – 145;广西师大译本从之,参拉尔修,《名哲言行录》,前揭,页 320。此外,Baldry 提醒我们(2)中的"结果是……"显然并非来自《政制》,而斯科菲尔德以及 Vogt 都用括号来标示,笔者从之。最后,斯科菲尔德和 Vogt 将 ἐχθρούς καὶ πολεμίους 分别译成 personal and public enemies(私人的和公共的敌人)与 personal and political enemies(私人的和政治的敌人),这似乎不妥。笔者更愿意像广西师大译本那样从 Hicks 译本,把 ἐχθρούς 翻译为 foemen[仇人]。

普通教育,因而他在此就站在了犬儒的立场上。① 根据拉尔修的记载,"犬儒们也主张抛弃普通的课业(ἐγκύκλια μαθήματα)。安提司忒涅斯(Antisthenes)这位最早的犬儒就曾说,那些想要变得智慧的人不要学习文学,以免被原本属于其他人的事情(τοῖς ἀλλοτρίοις)所误导。他们也摈弃几何学、音乐,以及所有其他诸如此类的东西"。② 从接下来的记录上看,犬儒派并非彻底否定这些普通技艺的价值,而只是宣称它们本身无助于德性的培育。这时,拉尔修说廊下派和犬儒派一样都主张"目的是根据德性来生活",只不过"犬儒主义是通往德性的捷径"(《名哲言行录》6. 104)。根据这样的论述结构,我们或许可以推测,芝诺像犬儒派那样也是出于德性的考虑才抛弃希腊通常的教育模式,并以自己的哲学教育作为替代。事实上,这也正如我们所看到的,《名哲言行录》7. 32 - 33 在提到普通教育主题以后就直接进入德性问题了;并非没有可能的是,这实际上就是《政制》本身的论证次序。然而,即便芝诺的出发点是犬儒式的,但通向德性的道路在他那里毕竟很可能也不是便捷的。因为据说他是从克拉特斯之后的导师之一珀勒蒙(Po-

① J. Mansfeld,《拉尔修论廊下派哲学》("Diogenes Laertius on Stoic Philosophy"),载于 Elenchos 7,1986,页 328 - 351;斯科菲尔德遵循了这一看法,参《廊下派的城邦观》,前揭,页 23。但 Baldry 暗示,芝诺并非像犬儒那样反对普通教育,而只是在反对柏拉图关于普通教育的改革建议,同时芝诺本人的替代方案体现在他的《论希腊教育》(Περὶ τῆς Ἑλληνικῆς παιδείας)、《荷马问题》(Προβλημάτων Ὁμηρικῶν)以及《论诗的聆听》(Περὶ ποιητικῆς ἀκροάσεως)中(《名哲言行录》7.4),参《芝诺的理想国》,前揭,页 5,注 4;这个观点也为 Dawson 所坚持,参《诸神的城邦》,前揭,页 175 - 177。不过,即便芝诺确实在这三本论著中打算批判柏拉图对荷马的解读(事实上矛头指向的哲人不仅仅是柏拉图,参 A. A. Long 重要但略显极端的研究,《廊下派研究》[Stoic Studies],Cambridge:Cambridge University Press,1996,页 58 - 84),这也并不代表《政制》中所谓的"普通教育"就是特指柏拉图笔下的普通教育。而且,如果说存在着这种特指,那么我们很难解释这为何会引起某些非廊下派哲人的敌视。因此,Mansfeld 和斯科菲尔德的主张显得更有说服力,但我们或许可以在 Baldry 和 Dawson 的启发下补充说,《政制》反对的广泛意义上的希腊普通教育中可能包括柏拉图革新后的普通教育。

② 《名哲言行录》6. 103 - 104;比较 6. 27 - 28,73,Hicks 将 τοῖς ἀλλοτρίοις 译成 by alien influences(受外来影响),似乎不甚贴切,参见 D. Laertius,《名哲言行录》,前揭,页 106 - 107。

lemon)这位学园派哲人那里明白伦理学需要自然哲学作为依据,且《政制》可能是在这期间或之后创作的,①所以此书应该不会像犬儒主义那样对德性的理解缺乏充分的自然基础。同时在此基础之上,这种德性也具有共同体倾向,正如下文将会表明的那样。

不过,芝诺的极端态度或许遭到了克律希珀斯的反驳,因为后者说"普通的课业是非常有用的"(《名哲言行录》7. 129)。当然,由于缺少清晰的语境,克律希珀斯的这句话也可以理解成是对道德进步者(moral progressors)而非哲人说的,因此他可能依然在普通教育问题上追随着自己的老师。但无论如何,此后的廊下派肯定是基本放弃了芝诺的激进观点。他们把诸如对音乐、文学、几何学、骑射等的爱好称为"追求"(ἐπιτηδεύματα),说它们是"习性"(ἕξις:有程度之差),从而根本上区别于作为"状态"(διαθέσεις:无程度之差)的"知识"(ἐπιστήμας),但毕竟能够"导向德性的领域"。② 希腊普通教育不仅不再与哲学教育相冲突,反而还有助于它的实践。

二、社 会 成 员

在拉尔修的清单中,所占篇幅最大的当属芝诺关于好人与坏人之对立属性的论述。事实上,我们在芝诺之前的很多犬儒那里也能找到类似的论述。据称,安提司忒涅斯就曾说过:"好人是朋友","同少数好人一起去反对所有坏人";"敬重正直的人要胜过敬重亲人","要将所有邪恶的东西都视为当远离的东西"。③ 然而有所不同的是,芝诺不像犬儒那样只是关注作为个体的好人或智者,相反,他是将这些人视为某个城邦中的"公民"。根据普鲁塔克的记述,《政制》的"要点"在于:

---

① J. M. Rist,《廊下派哲学》(*Stoic Philosophy*),Cambridge:Cambridge University Press,1969,页 69 - 77;A. Erskine,《希腊化廊下派》(*The Hellenistic Stoa*),New York:Cornell University Press,1990,页 15。

② H. von Arnim,《早期廊下派辑语》(*Stoicorum Veterum Fragmenta*),Leipzig:K. G. Saur Verlag,1903 - 1924,3. 104,294;Seneca,《书简》(*Epistles*),R. M. Gummere 编译,Cambridge,MA:Harvard University Press,1953,88. 25 - 89. 5。

③ 《名哲言行录》6. 12,参斯科菲尔德,《廊下派的城邦观》,前揭,页 23 - 24。

　　我们不应该居住在各个城邦(πόλεις)或民族中,①他们每一个都被自己的正义原则所界定;相反,我们应该把所有人(πάντας ἀνϑρώπους)都视为平民同胞和公民同胞,而且应该只有一种生活方式和秩序,就像牧群一块吃草,受共同的法(νόμῳ,或牧场)养育。芝诺写到这,像是在勾画哲人的一个有序政制的梦想或图景;但亚历山大让这个理论成了现实。②

　　可见,《政制》最终旨在勾勒出某种理想的城邦。而且单从术语和隐喻上看,这一城邦在好些方面都与柏拉图的相关描写近似。③ 但它们之间的区别也是明显的,这首先表现在城邦的范围上。正如宾格复数 πόλεις 所暗示的,芝诺构建的是一个超越传统城邦界限的巨型国家,在其中只存在着一种法律和秩序。但根据前面的拉尔修文本,《政制》反对在 πόλεσιν (与格复数形式)中修建某些公共建筑,这似乎表明理想城邦应多于一个。此外,据阿忒纳欧

① Long 和 D. N. Sedley(《希腊化哲人》[*The Hellenistic Philosophers*],Cambridge:Cambridge University Press,1987,67A)把 δήμους 译为 parishes,Baldry(《芝诺的理想国》,前揭,页 13)和 Dawson(《诸神的城邦》,前揭,页 170)则译成 demes:两种译法似乎都旨在强调 δήμους 与前面的 πόλεις 之间的区别。但斯科菲尔德建议将其翻成 peoples([各个]民族),因为普鲁塔克随后表明亚历山大有意让所有人成为一个 δῆμον [民族](《论亚历山大大帝的机运或德性》330D);还说这里的“城邦”和“民族”好像是同义的,正如亚历山大里亚人克雷芒的一份文本所表明的(《杂缀集》[Clement of Alexandria, *Stromateis*]4.26,收于《早期廊下派辑语》3.327:ἡ πόλις καὶ ὁ δῆμος),参《廊下派的城邦观》,前揭,页 143,注 1。这个建议的支持者,例如 P. A. Vander Waerdt(《芝诺〈政制〉与自然法的起源》["Zeno's Republic and the Origins of Natural Law"],收于 *The Socratic Movement*,P. A. Vander Waerdt 编,New York:Cornell University Press,1994,页 282,注 35),以及 Vogt(《法律、理性和宇宙城邦》,前揭,页 86,注 43)。比较接下来的 δημότας [平民同胞]。

② Plutarch,《论亚历山大大帝的机运或德性》(*On the Fortune or the Virtue of Alexander*),收于 *Moralia*,IV,F. C. Babbitt 编译,Cambridge, MA:Harvard University Press,1936,329A – B。

③ 主要基于这一点,斯科菲尔德认为普鲁塔克的整个记述几乎不能作为《政制》中的观点,参《廊下派的城邦观》,前揭,页 143 – 153。但这显然是夸大了事实,对此 Waerdt 给出了令人信服的批评,详参《芝诺〈政制〉与自然法起源》,前揭,页 282 – 283,注 36 – 38,44。

斯(Athenaeus,活跃于公元 2 世纪末到 3 世纪初的希腊作家)陈述,
《政制》中有提到爱神能够给 πόλεως(属格单数形式)带来安全以及
和谐等(《欢宴上的智者》[Deipnosophistae]561C,收于《希腊化哲
人》67D);正如我们后面会看到,这里应该是在针对一个小型理想
城邦。那么,如何解释这些表述上的冲突? 在最好的情况下,我们
或许可以提出这样的假设:芝诺构想了一个巨型国家(普鲁塔克文
本),但其中包含了各个被理想同等规制过的小城邦(拉尔修和阿
忒纳欧斯文本)。

    然而,普鲁塔克文本中还有一项表述需要进一步处理:πάντας
ἀνθρώπους。主要是依据这两个词,读者可能会设想芝诺的巨型城邦
应当容纳世上所有的人。然而拉尔修明确告诉我们,芝诺曾说只有
智者才是公民,而其他人都彼此为敌;这里的智者显然既包括男性
也包括女性,因为如同安提司忒涅斯和苏格拉底,芝诺也认为女人
有能力像男人那样去追求德性或智慧。① 对于这两个文本的矛盾,
有学者解释道:在普鲁塔克那里,芝诺只是要求我们应该把所有人
看作公民,而没有说他们就是公民;所以,这一陈述与拉尔修的记述
并不冲突,相应地,这也证实了不智慧的人是巨型国家的成员(普鲁
塔克文本),尽管他们不是真正的公民(拉尔修文本)。② 这一调和
看起来是合理的,实则不然,因为我们实难想象一群被认为不懂得
友爱的人不会破坏理想城邦的秩序与和谐;同时,作为奴隶的这群
人一旦被视为那个城邦的成员,则他们必然需要从属于智者,而事
实上早期廊下派完全反对任何从属关系(《名哲言行录》7. 121 -
122)。或许,一种更加有效的解释是,πάντας ἀνθρώπους 只是一种不甚
精确的表述,它实际上是指"所有智者"。一方面,这很可能是因为
惯用修辞的普鲁塔克在此故意将他当时的廊下派理想城邦观安在
芝诺头上,以便更容易地对比芝诺和亚历山大的成就和思想。正如

① 关于苏格拉底,参亚里士多德,《政治学》,吴寿彭译,北京:商务印书馆,1965,
  1260a14 -24;柏拉图,《美诺》,收于《柏拉图对话集》,王太庆译,北京:商务印
  书馆,2004,72a - 73c。关于安提司忒涅斯,参《名哲言行录》6. 12。关于芝诺,
  参 S. Empiricus,《皮浪主义述要》(Outlines of Pyrrhonism),R. G. Bury 编译,
  Cambridge,MA:Harvard University Press,1957 - 1961,3. 245。
② K. M. Vogt,《法律、理性和宇宙城邦》,前揭,页 86 - 90。也正是由于持有这一
  可疑的主张,作者对芝诺那些悖论的解读(页 20 - 64)出现了不小的歪曲。

出于同样的考虑,普鲁塔克也夸大了亚历山大的世界主义(cosmo-politanism)观念。① 另一方面,例如《名哲言行录》7.34 关于男女服饰的规定同样没有特别指出它是在针对智慧的男女,但我们显然不会完全照字面来理解该项规定;实际的情况或许是,在确立了理想国中所有居民都是智者以后,芝诺本人便不再打算重复提及这一点。总之,不同于柏拉图理想国安排的等级结构,芝诺将所有非智者都排除出自己的理想城邦。

可见,芝诺构建了一个包括许多被一致改造过的小城邦在内的、由全世界的智者平等组成的城邦。拉尔修告诉我们,是智慧赋予智者以各种值得称颂的身份,包括公民身份(联系《名哲言行录》7.199,122;司托拜俄斯,《读本》[Stobaeus' *Eclogae*]2.67.13,20,收于《早期廊下派辑语》3.654,604)。智者因其智慧而成为世界公民。尽管第欧根尼早就以世界公民标榜自己的出身,(《名哲言行录》6.63),但他绝不是在说自己是"智者城邦"(city of the wise)中的公民。另一方面,"智者城邦"这一方案在芝诺之后的廊下派那里逐渐被各种形式的宇宙城邦(cos-mos-city)方案所取代。②

① 关于亚历山大的世界主义观念,学界存在争议。M. H. Fisch 认为亚历山大本人并没有这样的观念,是其麾下的那位犬儒哲人俄涅希克里托斯(Onesicritus)附加给他的,而芝诺也借鉴过这位犬儒的著作,参《亚历山大与廊下派》("Alexander and Stoics"),载于 *The American Journal of Philology*,Vol. 58,No. 2,1937,页 129 – 151。但 W. W. Tarn 正确地指出犬儒的世界主义是消极的,因此一种积极的世界主义不可能是俄涅希克里托斯首创的。不过,Tarn 接下来的结论就显得极端了,因为他说是亚历山大首先建立了那种积极形式的观念,而后来的芝诺采纳了它,参《亚历山大、犬儒派和廊下派》("Alexander,Cynics and Stoics"),载于 *The American Journal of Philology*,Vol. 60,No. 1,1939,页 41 – 70。正如 Baldry 所说,事实上,在早期希腊作家那里就存在着某种世界主义思想,而亚历山大那些看起来具有世界主义性质的观念很可能只是偶然的政治策略罢了。然而,我们没有必要同意 Baldry 最终给出的另一种极端的结论,即彻底否认亚历山大的征服与芝诺的世界主义的联系,尤参《希腊思想中的人类统一》(*The Unity of Mankind in Greek Thought*),Cambridge:Cambridge University Press,1965,页 113 – 166。

② 详参毛丹、徐健,《廊下派政治哲学的三个维度》,载于《浙江大学学报(人文社会科学版)》,2014 年第 5 期,页 42 – 44。

三、共　妻

现在,让我们转向后来的批评者们非常关注的共妻主张。不过,妇女应当共有本来就是一个通常让希腊人反感的提议,而且也不单是芝诺提过。根据《名哲言行录》7.131:

> 在智者那里应当共妻,亦即一个男人可以与自己遇上的任何女人发生性关系(ὥστε τὸν ἐντυχόντα τῇ ἐντυχούσῃ χρῆσθαι),不仅芝诺在《政制》中和克律希珀斯在《论政制》(Περὶ πολιτείας)中这么说,而且犬儒第欧根尼和柏拉图也这么主张。

或许,芝诺在这方面的直接先导就是犬儒派。进一步,这份文本中关于共妻的界定初看起来有些"伤风败俗",其意图很可能旨在表明智者可以在性问题上做出自由的决定。[1] 不过,就柏拉图的情况,拉尔修这里似乎用智者来不甚确切地指称护卫者阶级,这显然是为把柏拉图和其他人作对比的结果。并且,护卫者本身也不像芝诺或第欧根尼的智者那样具备绝对好的条件,因此,柏拉图笔下的苏格拉底在"半开玩笑地"论证共妻的合理性时,引入了那本质上会对择偶自由起到一定限制作用的优生原则,[2]而这项原则对芝诺或第欧根尼来说完全是没必要的。拉尔修继续说道:"那样一来,我们将以父亲的方式同等地关爱所有的孩子,并且由通奸而来的嫉妒将不再出现。"因此,芝诺还同第欧根尼以及柏拉图一样,认为共妻以及作为其必然结果的共子是为了消除私心,从而促进城邦和谐;但三人中只有他和柏拉图是从城邦的视角来理解这对观念的。[3] 总之,

---

[1] Hicks 将那个共妻界定直接意译成 with free choice of partners,参见 D. Laertius,《名哲言行录》,前揭,页 234 – 235;类似地,广西师大版译作"只要两情相悦",参拉尔修,《名哲言行录》,前揭,页 355。比较下文援引的《论廊下派》卷十九 5 – 12,转引自 M. Schofield,《捍卫城邦》,前揭,页 57。亦参 J. M. Rist,《廊下派哲学》,前揭,页 66 – 67;A. Erskine,《希腊化廊下派》,前揭,页 25。

[2] 柏拉图,《理想国》(又译《王制》),顾寿观译,吴天岳校注,长沙:岳麓书社,2010,458d。

[3] H. C. Baldry,《芝诺的理想国》,页 9;M. Schofield,《捍卫城邦》,前揭,页 57;D. Dawson,《诸神的城邦》,前揭,页 182 – 183。但 Rist 反对说,智者间的和睦共处是自然的,无需通过引入共妻来确保,参《廊下派哲学》,前揭,页 66。(转下页注)

智者的自由或同意以及城邦和谐共同构成了芝诺共妻论的基本理由。

然而据言，芝诺在《政制》中还说"智者也应结婚生子"（ γαμήσειν καὶ παιδοποιήσεσθαι，《名哲言行录》7. 121）。这貌似与共妻主张相矛盾。一种解释认为共妻和婚姻家庭在理想城邦中是可以并存的，只要婚姻是智者自由选择的结果。① 但这似乎是在回避这两种规定的内在冲突。其他的解释还有：芝诺在这里只是提到了智者在现实城邦中的生活情况；或者这段引文是不可信的，它经过后来廊下派的篡改，以便为芝诺辩护；又或者，γαμήσειν 只是意味着性关系，不能被理解成通常意义上的结婚。② 这三种解释都具有一定的合理性，尽管其中的第一种相对不可信些，因为没有其他文本表明《政制》谈到过义务问题。第二种解释明显符合我们前面关于论战的陈述。至于第三种解释，至少可以在柏拉图和犬儒那里得到印证，因为他们都有在非常宽松的意义上使用过 γαμήσειν καὶ παιδοποιήσεσθαι 这个短语。③ 不过最有利的证据来自斐洛德谟斯的《论廊下派》卷十九 5－12，其中显示某种特殊的"婚姻"与共妻并非冲突："已婚男子可与他们的女仆性交，已婚妇女可以抛下她们的丈夫，而与那些也选择这样做的男子私奔。"④顺便一提，这份记述明确表明在智者城邦中不仅妇女共有，相应地，男人也是共有的。

至此，如果说在芝诺的理想国中性交是完全自由的话，那么我们自然要问，这难道不会导致乱伦？答案是肯定的，因为即便是柏拉图更加收敛的共妻主张也遭到了亚里士多德"严肃的"批判，认为它必然会破

（接上页注）对此 Erskine 恰当地驳斥道，Rist 忽视了包括共妻在内的城邦环境营造的条件对廊下派的重要性，因为它们会对儿童或曰潜在的智者产生影响，参《希腊化廊下派》，前揭，页 25；亦参 K. L. Gaca，《早期廊下派的爱若斯——芝诺和克律希珀斯的性伦理学及其对希腊爱欲传统的评价》（"Early Stoic Eros: The Sexual Ethics of Zeno and Chrysippus and their Evaluation of the Greek Erotic Tradition"），载 *Apeiron: A Journal for Ancient Philosophy and Science*，Vol. 33，No. 3（September 2000），页 234。

① J. M. Rist，《廊下派哲学》，前揭，页 67；M. Schofield，《捍卫城邦》，前揭，页 181，注 66。

② H. C. Baldry，《芝诺的理想国》，前揭，页 9－10；A. Erskine，《希腊化廊下派》，前揭，页 25－26。

③ 柏拉图，《王制》，前揭，459a－d；《名哲言行录》6. 11，72。

④ 转引自 M. Schofield，《捍卫城邦》，前揭，页 57。

坏传统的性禁忌。但不像柏拉图,芝诺可能在《政制》中并没有尽量小心翼翼地避免出现乱伦,反而直接鼓吹乱伦。至少根据恩披里柯(Empiricus)的记载,他在某本未名著作中说过:

> 俄狄浦斯抚摸其母并不是什么令人惊骇的事情:"如果她身体的某个部位承受着病痛,而他用手抚摸该部位以有益于她,这并不可耻;那么,如果他抚摸她其他部位以结束她的痛苦并使她快乐,而且通过他的母亲获得高贵的子女,这难道会是可耻的吗?"克律希珀斯也赞同这种看法。至少他在他的《政制》(即《论政制》)中说道:"我同意那些做法,即使在现在,它们在很多民族中也是习以为常的,算不上什么坏事情;因此,母子之间、父女之间以及一母所生的兄妹之间可以生儿育女。"①

既然克律希珀斯在《论政制》这本可能旨在评论芝诺《政制》的著作中主张乱伦,那么我们似乎更有理由期望《政制》一书也触及了这个论题,而且谈论时就像《论政制》那样利用了蛮族(barbarians)的习俗。这种证明方式很可能与希腊化相对开放的文化环境相关,但不是唯一的方式。据说,克律希珀斯在其《劝勉集》(Προτρεπτικῶν)中还从动物的自然活动来论证人类的乱伦等行为;②或许芝诺或他的《政制》也运用过这一思路,但这完全只是我们的猜想。更重要的是,芝诺的论证手法显然包括解读神话故事或曰宗教传统,当然我们仍然不清楚它是否也为《政制》所用。类似的手法也出现在克律希珀斯那里,尽管后者通过分析一幅关于宙斯和赫拉的绘画,不是为了得出乱伦的合理性,而很可能是为了得出猥亵的口交行为(《名哲言行录》7. 187 - 188)。有趣的是,犬儒第欧根尼也在其肃剧《俄狄浦斯》中,通过诉诸某些动物和波斯人的行为,表明乱伦并非不合时宜。③ 而且,芝诺关于抚摸的那段

---

① 《皮浪主义述要》3. 243 - 249;比较 S. Empiricus,《驳学问家》(Against the Professors),R. G. Bury 编译,Cambridge,MA:Harvard University Press,1949,11. 188 - 196。

② Plutarch,《论廊下派的自相矛盾》("On Stoic Self-contradictions"),收于 Moralia,XIII:2, H. Cherniss 编译,Cambridge, MA: Harvard University Press, 1969, 1044F - 1045A。

③ Dio Chrysostom,《讲辞》(Discourses),J. W. Cohoon 编译,Cambridge,MA:Harvard University Press,1932 - 1951,10. 29 - 30。

描写不免令人联想到第欧根尼对自己当众手淫的辩护,其辩词也得到了克律希珀斯的称颂:抚摸肚子和抚摸私处没有区别(《名哲言行录》6.46;《论廊下派的自相矛盾》1044B)。

那么,芝诺等人为什么要主张乱伦呢? 根据奥利金的记录,廊下派认为乱伦是无关道德的,因为当一个智者及其女儿成了世上仅存的人时,为保存人类种族,乱伦是允许的(《驳科尔苏斯》[*Origen's contra Celsum*]4.45,收于《早期廊下派辑语》3.743)。尽管这里假想的情况似乎略显极端,但其内在的含义是明确的:即一旦理性确定某种特殊的境况已经出现时,大多数情况下是恰当的(*οἰϰεῖον*)性禁忌将被证明为无效,从而有必要引入乱伦行为。① 这一理由对于犬儒派来说明显是陌生的。然不管怎样,可能自巴比伦人第欧根尼(Diogenes of Babylon)以降廊下派就不再主张共妻及与其相关的乱伦,②相反,他们希望人们更多地注意自己的这种学说:"对于好人而言,恰当的做法是为了自己和为了城邦,迁就着去(*συγϰαταβαίνειν εἰς*) 结婚生育(*γάμον ϰαὶ τεϰνογονίαν*)"(《读本》2.94.13 - 15,收于《早期廊下派辑语》3.611)。显然,这里的 *γάμον ϰαὶ τεϰνογονίαν* 只是指普通人常常会念叨着的那件义务。

四、公 共 设 施

对神庙、法庭和体育场的取缔打击了希腊政治生活中通常被引以为傲的核心制度。事实上,柏拉图在《法义》第六卷中为所谓的马格尼西亚(Magnesia)立法时,就把这些看成是城邦集市周围的重要建筑。③

---

① P. A. Vander Waerdt,《芝诺〈政制〉与自然法的起源》,前揭,页 298 - 301。但Dawson 认为,奥利金的解释很可能是后来那些对乱伦学说感到不安的廊下派哲人提出的,而更可行的解释是共妻本身就要求主张乱伦,参《诸神的城邦》,前揭,页 181 - 184;Gaca 持有同样的主张,参《早期廊下派的爱若斯》,前揭,页235,注 80。首先,他们无法证明奥利金的文本是不可信的,尤其是考虑到它明显符合芝诺最先提出的恰当功能(*ϰαϑῆϰον*)理论(《名哲言行录》7.108);其次,正如柏拉图的情况表明的,这层关系未必意味着要求主张乱伦。

② F. H. Sandbach,《廊下派》(*The Stoics*),London:Bristol Classical Press,1989,页117 - 118。

③ 柏拉图,《法律篇》(又译《法义》),张智仁、何勤华译,孙增霖校,上海:上海人民出版社,2001,页 169 - 195。

并非不可能的是,《政制》第二百行处的内容就是在针对《法义》。另外,柏拉图在那里把那些相关的讨论嵌入对婚姻的处理之中,这符合拉尔修所记述的《政制》的论证结构;我们甚至可以推想《政制》本身就是在阐明共妻学说之后便立即转向公共设施问题。那么,芝诺为什么主张那些建筑对于智者城邦而言是毫无必要的?

首先,在神庙的情况中,我们拥有一些文本,能够说明它被取消的原因,尽管这些证据未必都来自《政制》一书。根据司托拜俄斯的记载,"芝诺说各个城邦不应该用供奉品而要用其中居民的德性来装饰"(《读本》4.27.12-14,收于《早期廊下派辑语》1.266)。因此,可能德性仍然构成芝诺反对神庙的理由,但包括神庙之内的宗教祭祀为何与公民的德性无关呢? 至少普鲁塔克和克雷芒有两处类似的文本可以回答这个问题,而且其中的论证确定都是出自《政制》(《论廊下派的自相矛盾》1034B;《杂缀集》5.12.76,收于《早期廊下派辑语》1.264)。例如,普鲁塔克说:"芝诺主张不应该修建诸神的庙宇;因为庙宇没多大价值,也不神圣,修建者或工匠造出的东西根本没有多大价值。"可见,神庙之所以不"神",原因在于其建造者并非真正的有德者;这里芝诺明显接受了古代某种公认的偏见,当然他并没有轻视作为匠人的匠人。① 同时,我们或许也能推出理想城邦中没有通常意义上的手艺人。进一步,如果说庙宇无法真正供奉诸神,那该通过怎样的方式才行呢? 萨拉米人厄皮法尼俄斯(Epiphanius of Salamis,活跃于公元4世纪的教父)在一段可能也是源于《政制》的文本中说道:芝诺认为"我们不应该为诸神修建庙宇,而只要让心灵($\nu\tilde{\omega}$)具有神性;甚至要把心灵当成神,因为它是不朽的"(《驳异端》[adversus Haereses]3.2.9,收于《早期廊下派辑语》1.146)。总之,只有所谓的"努斯"才配得上诸神的荣耀。这也符合廊下派的另一项学说,即人类高于其他动物的地方端在于他们同诸神共享理性。

其次,取消法庭这一主张背后的论证显然是,智者之间从不会出

---

① H. C. Baldry,《芝诺的理想国》,前揭,页10-11;A. Erskine,《希腊化哲人》,前揭,页24;M. Schofield,《捍卫城邦》,前揭,页57,页181注70。相反,Dawson认为芝诺并没有针对工匠,而只是在反对迷信,参《诸神的城邦》,前揭,页216,注35。但诚如斯科菲尔德指出的,这显然是对"修建者或工匠造出的东西根本没有多大价值"这句话的过于乐观的解读。

现不义的侵害,他们彼此是真正的朋友,没有理由像普通人那样在生活中需要法庭的介入。最后,至于体育场,它不仅主要用来锻炼身体,还与体育竞技乃至军事训练相关。有学者解释说,芝诺取缔这个场所是由于身体康健无关乎智者真正的幸福。[1] 但这显然是误解了中性事物(ἀδιάφορον)的概念,因为健康在一般情况下是更可取的(προηγμένα):智者需要锻炼以便增强身体的忍耐力(《名哲言行录》7.123)。所以,更合理的看法许是芝诺认为智者自己懂得如何更好地从事锻炼,无需特别修造一个健身场所。还有人似乎错误地宣称,芝诺不会反对竞技,也没有明确反对军事的理由。据说,克律希珀斯曾在包括《论政制》在内的一些著作中提到甚至称赞第欧根尼《政制》"关于武器之无用性的学说"。[2] 从现有文献上看,芝诺并没有谈论战争问题。因此,我们只能猜测他的相关立场:要么他在《政制》中也主张取消战争,既然克律希珀斯的《论政制》都持这样的态度;要么他对战争主题保持了沉默。但无论是哪种情况,都不妨碍我们认为体育场可能因其军事含义而遭到否定,因为芝诺明确宣称友爱而非战争才是城邦安全的保障。至于竞技方面,我们清楚通常的竞技者为了获得荣誉,需要极大地关注自己的身体,这显然不符合廊下派的教义。因而,芝诺几乎不可能是竞技的支持者。

我们不清楚第欧根尼是否也主张取消神庙、法庭和体育场,尽管他曾说从神庙偷东西并不是一件荒诞不经的事情(《名哲言行录》6.73)。这似乎又确证了芝诺关于这个主题的论述是在挑战柏拉图的《法义》。但既然这些论述与犬儒学说没有什么关系,那阿忒诺多若斯为何要删除它们呢?我们可以推想,可能在他看来,它们在精神上仍然分享了犬儒的反律法主义。

五、货　币

下一个主题是货币,这可能是因为芝诺在取消了那三种公共设施之后转而讨论所谓的集市。然而,取消货币并不必然意味着关闭所有

---

① H. C. Baldry,《芝诺的理想国》,前揭,页11。

② 《论廊下派》卷十五31 - 卷十六4,参 M. Schofield,《捍卫城邦》,前揭,页57 - 59。

集市;或许,一种被用作公民政治集会的"自由集市"是允许存在的。①
但不管怎样,我们可以确信的是,芝诺应该认为所有智者依靠友谊联系
在一起,并不存在买卖活动,因此也就无需为了交换或旅行引入货币。
这一观点仍然像是在针对柏拉图,尤其是他的《法义》:其中说道,共同
的希腊货币用于远征和旅行,而马格尼西亚人中间允许使用供日常交
换用的货币。② 在《王制》中,柏拉图虽然承认理想国内部和外部的交
易活动需要货币作为媒介,但他不让护卫者们持有货币。③ 正如其他
许多方面那样,芝诺的理想国在货币方面要比柏拉图的规定更加极端。

当然,首开先河的仍属犬儒派。根据拉尔修的记载,"造赝币"
(παραχαράσσω τὸ νόμισμα)是第欧根尼的口号;并且克律希珀斯提到,第
欧根尼在《政制》中主张用跖骨充当货币。νόμισμα 既可指货币,也可通
指习惯所承认的东西;而第欧根尼"伪造货币"显然还暗喻着"否定一
切习俗":在他看来,所有这些习俗都是自然或自由生活的障碍。④ 或
许这也是芝诺所持有的想法,尽管他是站在理想城邦的高度上考虑的。
无论如何,取消货币本身连同前述的取消家庭,能够证明芝诺的《政
制》必然会同意财产应当共有,即便该书似乎并没有明确这样说
过——"万物都属于智者,因为法律(即自然法)已经赋予了他们完全
绝对的权力"(《名哲言行录》7.125)。这就进一步推进了柏拉图限于
护卫者阶级的财产共有主张,而更接近于第欧根尼的立场(《名哲言行
录》6.72)。然而,后来自巴比伦的第欧根尼起,主流廊下派开始转向
辩护私有财产权,从而放弃了财产共有的极端立场。⑤

六、服 饰

芝诺宣称男人和女人应当穿相同的衣服,这明显也是在抛弃日常
生活中某种关于性别的习俗性区分,以便进一步推进城邦的和谐。这

---

① 亚里士多德,《政治学》,前揭,1331a31 - b13。参 Schofield(《捍卫城邦》,前揭,
页 58) 对 Dawson(《诸神的城邦》,前揭,页 180) 的批评。
② 柏拉图,《法律篇》,前揭,页 153。
③ 柏拉图,《王制》,前揭,370e - 371e。
④ 《论廊下派》卷十六 6 - 9D;《名哲言行录》6.20 - 21、71;参斯科菲尔德,《廊下
派的城邦观》,前揭,页 25 - 26。
⑤ 详参 M. Schofield,《捍卫城邦》,前揭,页 140 - 154。

一规定亦不乏先例,犬儒希帕基娅(Hipparchia)就喜欢像她丈夫克拉特斯那样披件斗篷(《名哲言行录》6.93、97;7.3)。至于身体的任何部分都无需掩盖,这或许会令人联想到克拉特斯在问希帕基娅是否愿意成为他的伴侣前脱光了自己的衣服(《名哲言行录》6.96)。有学者认为,芝诺在这里就像犬儒那样宣称自然的身体没什么可羞耻的,根本不用遮遮掩掩。① 然而,这种解释依然没有意识到廊下派和犬儒派在中性事物概念上的区别。因此,更确切的解释应该是:衣服纯粹是功用性的,习俗上的相关规定只会限制智者的自由;所以如有必要,智者应该完全裸露自己的身体。但何时算是必要的情况? 为此,我们需要首先援引斐洛德谟斯的一段话:

> 女人应当和男人穿同样的衣服并从事同样的职业,甚至无需在任何细节上有所不同。而且她们应当参与跑步和裸体锻炼,应当一丝不挂地当着所有人的面与男人一同锻炼:全身上下都不必遮盖。②

不难看出,芝诺所谓的裸体很可能系指当从事体育运动的时候。而且,这也促使我们联想到柏拉图在《王制》第五卷中的相关描写:女性护卫者必须像男性护卫者那样裸体操练。③ 但如我们已经强调的,柏拉图这里的军事倾向不可能得到芝诺的支持;同时,斐洛德谟斯文本也没有明确表露出芝诺会赞同体育竞技。

七、吃 人 肉

关于食人方面的证据,我们只能依赖于克律希珀斯的说法。据恩披里柯的记载,克律希珀斯在其《论恰当功能》(Περὶ τοῦ καθήκοντος)中讨论了双亲的葬礼,并暗示说身体是无关紧要的,只要双亲的尸体适宜食用,我们可以把它们当作食物,正如我们也可以如此处置我们自己的断肢(《皮浪主义述要》3.247－248;比较《驳学问家》11.188－196)。

---

① H. C. Baldry,《芝诺的理想国》,前揭,页10。
② 《论廊下派》卷十九17－22,转引自 M. Schofield,《捍卫城邦》,前揭,页58。
③ 柏拉图,《王制》,前揭,452a－b、457a－b。

显然,这里是在批判丧葬仪式方面的"恰当功能"。克律希珀斯或许曾
为此收集过不同民族的葬礼典仪,据说西塞罗对其中有些例子感到厌
恶以致避开不谈。① 我们有理由推想,估计有些风俗涉及到吃人了,尤
其是考虑到西塞罗已经列举了波斯祭司和许尔卡尼亚人(Hyrcanians)
骇人的葬礼,即把尸体扔给兽类吞食。因此,就像论证乱伦那样,克律
希珀斯在这里也很可能利用了外族的宗法。进一步,既然克律希珀斯
的《论政制》一书也明确提到人们可以享用自己身体上意外割下的适
于食用的肉,那么我们也许可以猜测——但仅仅是猜测——芝诺也会
赞同乃至像克律希珀斯那样论证吃人肉这一骇人的行为。不管怎样,
食人主张有其犬儒渊源,因为第欧根尼曾说"吃人肉并非是什么不洁
的事情"(《名哲言行录》6.73)。

　　还是类似于乱伦的情况,我们需要寻找食人肉的理由。但仅仅依
靠恩披里柯的记述,我们并不能期待会有所发现。因为克律希珀斯只
是说人的肉体是中性的,这本身并不必然意味着应当吃食死人或活人
的肉;除非我们从犬儒视角来理解中性事物的观念。幸运的是,拉尔修
的一句话倒是能够提供一些有价值的信息:"根据周围的情形
(κατὰ περίστασιν),智者甚至会吃人肉"(《名哲言行录》7.121)。这意
味着吃人肉并非恒定不变的道德规则。只有当智者通过理性判定某类
特定情况的出现,在其中原先关于禁止同类相食的习俗不再有效,这时
吃人肉才被允许。尽管现有文献未曾记载这里所谓的特殊情况到底是
或可能是什么,但类似于奥利金列举的那个赞成乱伦的例子,我们在此
或许也可以举出一个同样稍显极端的实例,那便是,当出现饥荒时吃人
肉是许可的。

八、结　语

　　通过上述讨论,我们比较具体地分析了芝诺为智者城邦制定或可
能制定的各种违背"意见"的准则。或许,芝诺及其追随者之所以会如
此"知性真诚"而几乎不顾所谓的隐微术(esotericism),是因为他们要
突出强调智者及其城邦的德性的重要性。这就难免使得那些准则被视

---

① Cicero,《图斯库鲁姆清谈录》(*Tusculan Disputations*),J. E. King 编译,Cam-
bridge,MA:Harvard University Press,1927,1.180。

为犬儒主义的。但需注意,这种勾连只能基于字面意义上,我们不能忽视这些准则背后的理据往往是非犬儒式的,特别是共同体利益这个理由。主要是在这种认识之下,我们也看到它们中有不少其实是在直接针对柏拉图的学说,这就在重要的意义上需要我们将《政制》一书重新置于古典的语境之中理解。

＊基金项目:教育部人文社会科学研究青年基金项目"斯多亚政治哲学残篇的编译、集注和义疏"(17YJC720030);贵州省哲学社会科学规划课题青年项目"廊下派政治哲学研究"(16GZQN26)。

古典自然法概览

程志敏 *
（海南大学社会科学研究中心）

摘　要： 古典自然法与现代自然法最大的区别在于对待神法的态度，古典自然法虽然以"神法"的反动者面目出现，但它归根结底来自于神法，因而与神法保持着密切的生成关系。其次，古典自然法所诉诸的"（正确）理性"更多的是一种丰富而完整的"逻格斯"，但现代自然法中的"理性"却走向了阿那克萨戈拉式的"努斯"，最终变成了"计算"。古典自然法中的理性之为"正确"，就在于它终归是为德性服务的，就在于其以事功为目标的实质性追求。古典自然法的根本教导就是"志于道，据于德，依于仁"。

关键词： 古典自然法　神法　理性　逻格斯　德性

太初有道，也就有法，道即是法。老子曰："人法地，地法天，天法道，道法自然"（25 章），以道为法，自然而然，因为道法本就自然（而非本乎自然）。① "道"自成一体，自本自根，自有永有，神秘莫测，既为万物之宗（4 章），当然也是法律之源。道之法神圣古老，所以，"执古御今"堪称"道纪"（14 章），圣人以之为法教。② 但师法天道的终归是

---

* 作者简介：程志敏（1968 -　），男，四川隆昌人，哲学博士，海南大学社会科学研究中心教授、博士生导师，主要从事古典学、西方哲学和法哲学等方面的研究。

① 前面三个"法"字是动词，"以……为法"，而"道法自然"中的"法"是名词，否则就会把表示"道"的存在状态的"自然"实体化，误以为在"道"之上，还有一个"自然"的观念。如果把"自然"理解为"人—地—天—道"这个不断上升序列的终端，就与《道德经》关于"道"的至高无上性相矛盾。参刘笑敢，《经典诠释中的两种定向之接转初探》，刊于刘小枫、陈少明编，《诗学解诂》，北京：华夏出版社，2006。

② 对比《周易·观》"观天之神道，而四时不忒，圣人以神道设教，而天下服矣"，以及柏拉图《治邦者》"尽最大可能回忆造物主（ δημιουργοῦ ）和天父（ πατρός ）的教导"（273b1 - 2），另参《法义》开篇，《米诺斯》318a1 - 3，西塞罗《论法律》2.27。

"人",而人的本质中自然有"理性",人终究会发现"自然",①这也就注定了"道法"内涵逐渐趋于狭窄,其宗教基础必然会从自然宗教走向城邦宗教最后更替为理性宗教。西方也就从凭靠作为天道神法的 themis 走向了依循更具凡俗色彩的 nomos[法律,习俗],后来再加上 physis [自然]而提出的看似自相矛盾的"自然法",其实质终归是一种"人法",因为它的基石不再是神义,而是人的理性(nous)。但由于"自然"、"法"和"理性"等概念的古今涵义有着巨大差异,几千年看似一以贯之的自然法传统实际上存在着不易察觉的区别甚或内在精神的断裂,值得我们仔细分梳。

一、自然法与神法

正如"古希腊"一类概念,"古典自然法"也是一个大而不当的笼统说法,其内部差异不可以道里计,苏格拉底—柏拉图—西塞罗、亚里士多德—阿奎那—苏亚雷斯以及廊下派这三个传统本身各不相同,就连廊下派内部的早中晚期或雅典廊下派与罗马廊下派的差异也不容小觑,甚至本派同一时期的自然法思想家之间都各自为阵、互相攻击,但这些千差万别的思想与文艺复兴以来同样发达的自然法理论相比,因其具有相当多的共同点而完全可以"古典"名之。这里表示某种内在统一性的"古典"一词不意指品质(尽管这是该词的主要内涵),而更多地指代时间,施特劳斯称之为"前现代"(pre-modern, 页 191)。②

---

① 《伊利亚特》开篇阿伽门农与阿喀琉斯之争实际上就是"自然权利与祖制权利之争"。《奥德赛》的主题是以审慎或克制为基础的"智慧"(polytropos,1.1),而"理智"或"思想"(noos,1.3)是它的内涵,具体表现为"自然知识"。奥德修斯的归返之旅实为"发现自然之旅",他注定要发现自然,并以此为基础建立新的信仰,即理性宗教(参伯纳德特《弓与琴》[修订版]最后一句,程志敏译,北京:华夏出版社,2015)。另参施特劳斯,《自然权利与历史》,彭刚译,北京:三联书店,2003,页 82-94。另参洛克,《自然法论文集》,李季璇译,北京:商务印书馆,2014,页 12-20(另参《论自然法则》,徐健译,上海:华东师大出版社,2014)。

② 施特劳斯《论自然法》,见氏著《柏拉图式政治哲学研究》,张缨等译,北京:华夏出版社,2012。下引此书,随文夹注,不再一一说明。施特劳斯刻意使用"前现代自然法"这个术语(共 5 次,另有 1 次"传统自然法"),与"现(转下页注)

自然法,不论古代的还是现代的,以"自然"的发现为基础,因而是神法的反动和革命,它以自身而不再以更高的权威"判定何为正确、何为错误,判定何者具有权能(power),或依据自然固有地(从而时时处处都)有效"(页183),①让更为高级的律法变得毫无必要,这就从根本上摒弃了神法。但以明智审慎(phronesis)为旨归的古典法传统却或多或少地保持着与神法的密切联系,并试图在天道大序的等级系统中为神法保留必要甚至崇高的位置,并以之作为自然法的基础。

苏格拉底—柏拉图的所有努力似乎就是要在"自然哲学"的时代重新恢复思想的超越自然之上(如海德格尔所谓 über-physik)而非自然之后(meta-physica)的神圣维度,尽管柏拉图的"神"已经不是传统意义上的"神",而更多地具有理性宗教的意味——后世的基督教"神学"与柏拉图关系极为密切,但柏拉图对"自然学"的批判毕竟维护了神法的至高无上性。更何况柏拉图笔下的智术师在西方思想史上第一次提出的"自然法",与后世如廊下派的"自然法"内涵大不相同,它表示某种行为规则或"习惯"。② 而本然"习俗"意义上的"自然法"更接近于"天道"(the Way),本质上是一种自然秩序(《法义》631d)。作为

(接上页注)代自然法"(7 次)对举,尽管该文谈论后者的篇幅远远小于前者。该文仅有一次提到"古典"一词。施特劳斯也许要在词形上突出 pre-modern 和 modern 之间表面的连续和实质的差异。

① 另参《自然权利与历史》,前揭,页 89 以下。

② 《高尔吉亚》483e,参 Dodds 的注疏(他译为 law of nature)。Taylor 注《蒂迈欧》83e4 – 5 中的"自然法"为 use and wont(R. Waterfield 译作 normal course of events)。卢梭亦曰:

> 这种法律既不是铭刻在大理石上,也不是铭刻在铜表上,而是铭刻在公民们的内心里;它形成了国家真正的宪法;它每天都在获得新的力量;当其他的法律衰老或消亡的时候,它可以复活那些法律或者代替那些法律,它可以保持一个民族的创制精神,而且可以不知不觉地以习惯的力量代替权威的力量,我说的就是风尚、习俗,而尤其是舆论;这个方面是我们的政论家所不认识的,但是其他一切方面的成功全都系于此。这就是伟大的立法家秘密地在专心致力着的方面了;尽管他好像把自己局限于制定个别的规章,其实这些规章都不过是穹窿顶上的拱梁,而唯有慢慢诞生的风尚才最后构成那个穹窿顶上的不可动摇的拱心石。(《社会契约论》,2.12 末尾,何兆武译,北京:商务印书馆,1980,页 73 – 74)

"自然"的对应物,①"习惯"具有超越自然的意味,在 physis-nomos 的张力中更偏向于 nomos,它的源头就是 themis,即天地大法或天道。②

被学界视为"自然法之父"③的亚里士多德则把"自然法"理解为适用于所有民族的不变之法(《修辞术》1368b7－9,1373b4－18),这种"共同的法律"(common law)就是后世所说的"万民法"(ius gentium),④而不是近代英国的"普通法"。这种不变的法则差不多等同于奥古斯丁和阿奎那意义上的"永恒法"(lex aeterna),正如西塞罗所说:自然法乃是最高的法律,"它适用于所有时代,产生于任何成文法之前,或者更确切地说,产生于任何国家形成之前"。⑤ 在后世的认识中,来自于古希腊"共同法律"或"共同正义"(koinon dikaion)的万民法,本身就可以训作(glossed)自然法,⑥因为其中的"自然之理"(naturalis ratio),就是自然之道(盖尤斯《法学阶梯》1.1),共同的法律就是西塞罗"共同的正确理性"(recta ratio communis,《论法律》1.23)。亚里士多德引用了索福克勒斯《安提戈涅》中的诗句以证明这种依据自然的法律,无论我们称之为"不成文法"还是其他什么名称,比如"祖法"(ancestral laws,另参《法义》793a),它体现的都是"自然的正义",其实质比后世仅仅以理性为归依的自然法更接近于神法。

---

① 施特劳斯,《自然权利与历史》,前揭,页 83。

② 《法义》717b6,875c7;另参 Seth Benardete,《柏拉图〈法义〉:发现存在》(Plato's "Laws": the Discovery of Being),Chicago: University of Chicago Press,2000,页142。另参阿奎那《神学大全》I ii q. 97 a. 3,见《阿奎那政治著作选》,马清槐译,北京:商务印书馆,1963,页 126(如无特别说明,本文引用的阿奎那译文,均系此)。另参台湾中华明道会译本,第六册,页 75－76。

③ F. D. Miller,《亚里士多德的法哲学》("Aristotle's Philosophy of Law"),收于 In A History of Philosophy of Law from the Ancient Greeks to the Scholastics,Dordrecht: Springer,2007,页 94。然而,亚里士多德似乎没有明确地提到"自然法",只是说"共同法"。

④ 另参西塞罗《论义务》3. 69,以及《反喀提林演讲》(De Haruspicum Responsis),32;阿奎那《神学大全》I ii q. 94 a. 4、q. 95 a. 4,见《阿奎那政治著作选》,前揭,页 113、117(台湾中华明道会译本,第六册,页 45、57－58)。

⑤ 西塞罗,《论法律》1. 19 末尾,王焕生译,上海:上海人民出版社,2006,页 35。如无特别说明,西塞罗的著作均引自王焕生先生的译本。

⑥ 参 T. Reinhardt,《西塞罗的〈论题篇〉》(Cicero's Topica),Oxford University Press,2003,页 204－205。

第一次让自然法成为哲学主题的廊下派诸公则直接把自然法等同于神法(尽管这时的"神法"已经完全不同于古风和古典时期的"神法"),如廊下派创始人芝诺所说,"自然法乃是神圣的,有能力规定什么是正确的、什么是相反的"。① 自然法的神圣性就在于它来自于甚至等同于神法:"自然法或神法或永恒法等同于上帝或最高的神(火、以太或气)或他的理性,也就是说,自然法或神法或永恒法通过形塑恒在的质料,等同于遍布整全并由此支配整全的有序原则"(页187)。尤其重要的是,在廊下派那里,"神意(divine Providence)的存在为遵从或不遵从德性的诸多要求配备了神的制裁"(divine sanctions,页188)。奥古斯丁也说,在没有真正的宗教的地方,就不会有真正的德性,因为"不是人,而是高于人的,才能使人活得幸福"。② 人们因对上帝的敬畏(而不是对暴死的恐惧)而具有德性,上帝才有资格和能力对各种恶实施制裁。

在廊下派那里,"自然"就是"神"或"神的实体",也就是具有特定含义的宇宙:"神的实体就是那散布着恒星的苍穹",而"自然就是那将宇宙凝聚在一起的东西,有时又指那让地上的东西得以生起的东西。自然乃是一种习性,它自在地运动,在确定的时间内根据种子理性产生并维持那由它而出的东西,并使之保持齐一"。③ 这种有生命的神就是有理性的自然(详见下一节),它像赫拉克利特的"有技艺能力的火"一样创生了一切,赋予万物"普纽玛"(气),也为宇宙安排秩序,这种神圣的秩序就是自然的法则。④

---

① Zeno autem … naturalem legem divinam esse censet, eamque vim obtinere recta imperantem prohibentemque contraria。参 Cicero,《论神性》(*The Nature of the Gods*) 1.36,P. G. Walsh 英译,Oxford:Clarendon Press,1997,页16。石敏敏译作"芝诺认为我们可以在自然法则中找到神。自然法则是强有力的,可以实施正义和禁止过犯"(《论神性》,北京:商务印书馆,2012,页18 – 19)。
② 奥古斯丁,《上帝之城》,吴飞译,上海:上海三联书店,2009,下卷,页165。
③ 拉尔修,《名哲言行录》(希–中对照本)7.148,徐开来、溥林译,桂林:广西师大出版社,2010,页723。下引此书,随文夹注,不再一一说明。
④ 《名哲言行录》7.156,另参西塞罗《论神性》2.57、3.35。菲尼斯引用西塞罗《论善恶的目标》第三卷的相关内容来总结廊下派的"自然"观(《自然法与自然权利》,董娇娇等译,北京:中国政法大学出版社,2005,页298。英文本,页375)。廊下派的自然观和理性观受到了色诺芬(的苏格拉底)极大影响,详下。

　　施特劳斯的《论自然法》一文虽然没有单独谈西塞罗,但这并不能说明后者在自然法思想史上就不重要,更不能像绝大多数论者那样把西塞罗划入廊下派。① 西塞罗对自然法(尤其在与神法的关系问题上)的突出贡献,使其堪称古典自然法的巅峰——另一座高峰是阿奎那,但他的集大成也是颓败之始,因为他继承了潜藏在早期古典自然法思想中的致死因素,使之逐渐开始出现裂变,从而导致自然法思想的彻底转型。

　　政治哲人西塞罗传承了古希腊思想的精髓,尤其对柏拉图敬仰有加,他的"自然法"定义公认是古代最经典的表达:

> 　　真正的法律乃是正确的理性,与自然相吻合,适用于所有的人,稳定,恒常,以命令的方式召唤履行义务,以禁止的方式阻止犯罪行为,但它不会徒然地对好人行命令和禁止,以命令和禁止感召坏人。……对于所有的民族,所有的时代,它是唯一的法律,永恒的、不变的法律。而且也只有一个对所有的人是共同的、如同教师和统帅的神,它是这一种法律的创造者、裁断者、立法者,谁不服从它,谁就是自我逃避,蔑视人的本性,从而将会受到严厉的惩罚。②

　　万民法、神法、永恒法等概念都囊括在西塞罗的"自然法"之中了。一方面,在形而上学的意义上,自然法是"永恒的力量和指引我们的生活和努力方向的不变的法则,……这种法则就是命运的必然性,就是对一切即将到来之物的永远的前定"。③ 另一方面,这种永恒不变的唯一

---

① 学界长期对西塞罗评价不高,认为他只是介绍了廊下派的学说,不过是"罗马廊下派"的成员而已,毫无原创性。参萨拜因,《政治学说史》,邓正来译,上海:上海人民出版社,2008,页207-208;在芬利眼中,毫无原创性可言的西塞罗把柏拉图和廊下派的东西变成了"纯粹的花言巧语"(《古代世界的政治》,晏绍祥、黄洋译,北京:商务印书馆,2013,页162-163)。相反的评价见施特劳斯、克罗波西编,《政治哲学史》,李洪润等译,北京:法律出版社,2009,页142以下。施特劳斯对西塞罗评价非常高,认为他不是廊下派的门徒(《自然权利与历史》,前揭,页157-158)。西塞罗对廊下派的批判直白而丰富,甚至不无嘲讽和揶揄。

② 西塞罗,《论共和国》3.33,王焕生译,上海:上海人民出版社,2006,页251。

③ 西塞罗,《论神性》1.40,前揭,页20-21。施特劳斯《论自然法》一文在讨论廊下派的语境中引用了西塞罗这句话(中译本,页187)。

法律的实质就是神法,神创造并统帅一切,当然也会是一切事物的裁断者和奖惩者。

也就是说,自然法(自然理性)作为"神界和人间的法律",①归根结底其实是"神明的灵智"(《论法律》2.8),"一切事物均由神明们统治管理,一切发生的事情都是按照神明们的决定和意志而发生的"(《论法律》2.15),当我们看到天体运行的秩序、昼夜的交替、四季的更迭,便会感受到神明的存在,油然而生敬畏之情,并由此学会了按照自然的要求过上德性的生活:头上的星空和内心道德法则不是同级并列物,前者是后者的源泉,因为神法是"法律中的法律"(legum leges,《论法律》2.18)。西塞罗甚至认为:"须知即便是宇宙,也都服从于神明,大海、陆地听命于他,人类生活听从最高法律(iussis supremae)的命令"(《论法律》3.3)。在古典世界,自然法乃是最高的法律,因此它就是神法。

在阿奎那那里,自然法与神法的紧密关系达到了最为明晰的状态:

> 一方面,自然法明显区别于永恒法——上帝自身或上帝统治一切造物的原则,另一方面,自然法明显区别于神法,即包含在《圣经》中的实定法。永恒法是自然法的基础,而人若要臻达永恒的福祉,若要无恶不受惩罚,那么自然法就必须由神法来补足。(页189)②

阿奎那虽然把"神法"严格限定在《圣经》的范围内,与古代和后世的"神法"概念有所不同(甚至有所弱化),还加上"永恒法"以示区分,但在基督教语境中,永恒法才是真正的神法。"永恒法是自然法的基

---

① naturae ratio, quae est lex divina et humana,《论义务》3.23,王焕生译,北京:中国政法大学出版社,1999,页267。关于"神界和人间的法律",另参《民法大全》1.1。

② 神法和自然法本是一回事(甚至同时也是道德法),另参霍布斯,《自然法要义》,张书友译,北京:中国法制出版社,2010,页103、205。但在其他地方,霍布斯又说法律虽出乎自然,却不因自然而称为法,而是因自然之权威即全能的神(页100)。"上帝约束全人类的法律便是自然法",见霍布斯,《利维坦》2.31,黎思复等译,北京:商务印书馆,1985,页276。

础"其实就是说,(广义的)神法是自然法的基础。① 永恒法镌刻在人的灵魂中,就是自然法。② 自然法因此而分有了神圣,换言之,自然法之所以永恒,就在于它具有神圣的根基,即是说,一切都受神意支配:

> 但是,与其他一切动物不同,理性的动物以一种非常特殊的方式受着神意的支配;他们既然支配着自己的行动和其他动物的行动,就变成神意本身的参与者。所以他们在某种程度上分享神的智慧,并由此产生一种自然的倾向以从事适当的行动和目的。这种理性动物之参与永恒法,就叫做自然法。③

人法不足以禁戒一切恶行,就不能引领混合着兽性和神性的凡人走向完满,④因此,必须有神法作为支撑和指引。阿奎那指出:

> (人法)在力图防止一切恶行的时候,会使很多善行没有机会贯彻,从而也会妨碍很多有益于公共福利、因此为人类交往所不可或缺的事项,使它们不得实现。所以,为了不让任何罪恶不遭禁止和不受惩罚,就必须有一种可以防止各式各样罪恶的神法。⑤

从阿奎那这个论断,我们可以清楚地看到,现代的"人法"由于缺少了"神法"的加持,变得何等无力与萎弱,各种精神的、文化的和社会

---

① "神法"(divine law)一词有多种含义,一般指"神明为凡人制定的法律",因而就是神圣的法律。狭义的神法是"关于神的法律",比如相信神明存在,神明关心人类,因此要敬神,神明公正无私而不可收买。参《奥德赛》1.31 以下,《劳作与时令》274-281,柏拉图《王制》377e-383c,《法义》717a 以及整个卷十,色诺芬《回忆苏格拉底》4.4.19 等。

② 奥古斯丁,《忏悔录》4.4,周士良译,北京:商务印书馆,1963,页 29。

③ 阿奎那,《神学大全》I ii q.91 a.2,马清槐译文(页 107;另参台湾中华明道会译本,第六册,页 10-11)。

④ 另参亚里士多德《政治学》1253a32-34。

⑤ 阿奎那,《神学大全》I ii q.91 a.4,见《阿奎那政治著作选》,前揭,页 108。另参台湾中华明道会译本,第六册,页 14-15。阿奎那在这里引用了奥古斯丁《论自由意志》1.5 中的类似说法。

的毛病自然会肆虐人间。人法仅禁恶(ligare,q. 90 a. 1),而神法却扬善,因为善,而非恶,才是人类社会赖以维系的基础。① 从这个意义上说,神法至少是潘多拉魔瓶的"封印"。一切法律都必须从永恒法即广义的神法中产生("因为没有权柄不是出于神的",《罗马书》13:1),否则就谈不上公正合理(q. 93 a. 3、q. 95 a. 2)。正如一切法律都是从立法者的理性和意志中产生的,神法和自然法当然来自于上帝的理性意志(q. 97 a. 3)。正是在这个意义上说,"托马斯主义的教导是自然法教导的古典形式"(页190),尽管它为后世没有上帝的自然法和自然状态理论铺平了道路。

在古典思想家看来,"并非所有高级法都是自然的"(页183),也就是说,自然法原本不是"最高级",却被削去了头脑的现代人视为至高无上的律法。所以,与其说是苏格拉底及其门徒不再寻求"大地法"(the law of land,即实定法),转而寻求自然法,并由此"鼓励了一种与市民社会完全不相容的混乱",②倒不如说霍布斯所批评的那种无政府主义者正是仅仅诉诸自然法的现代思想家,包括他本人。托马斯主义的"自然法实际上不仅与自然神学——亦即与一种其实是基于信仰《圣经》启示的自然神学——不可分,甚至与启示神学也不可分。现代自然法学说部分地乃是对于这种神学对自然法的吸纳的一种反动"。③ 出于种种原因,现代自然法独立于神法之外,不再以神法为"上位"法或"高级法"(a higher law),纯然诉诸"理性"。

---

① 《阿奎那政治著作选》,前揭,页88。

② 施特劳斯,《柏拉图式政治哲学研究》,前揭,页285;另见《政治哲学史》,英文版,页297。施米特说,"普通法就被视为大地法"(lex terrae),见施米特,《大地法》,刘毅、张陈果译,上海:上海人民出版社,2017,页68[德文第二版,页66;G. L. Ulmen 英文本,页98]。施米特的 Der Nomos der Erde 更多地指"领土法"。公元 1215 年的英国《大宪章》(Magna Carta)第 39 条也提到 legem terrae (the law of the land)含义模糊,多数人认为它就是指"大宪章",其基本精神就是"普通法",参 W. S. McKechnie,《大宪章评注》(*Magana Carta: A Commentary on the Great Charter of King John*),Glasgow:James MacLehose and Sons,1914,页379-380;另参 R. V. Turner,《历经岁月的大宪章》(*Magna Carta Through the Ages*),Edinburg:Pearson Education Ltd. ,2003。

③ 施特劳斯,《自然权利与历史》,前揭,页167。

二、逻各斯与努斯

古典自然法也诉诸"理性",但这种"理性"主要不是人的"理智",因为在古典思想家看来,人的一切都庸常平凡,无法支撑起世界。包括自然法在内的所有法律(尤其是狭义的神法和实定法)都是神明为所有凡人制定的(《回忆苏格拉底》4.4.19),①那么,正如凡间立法者的理智和意愿决定着人法的实质,神明的智慧和意愿更是万法的决定性因素。但如果我们把古代含义更为丰富的"理性"(logos)或"智慧"(phronesis,sophia)缩减为"理智"或"努斯",甚至进一步僵化成"逻辑"和"逻辑斯蒂",就让自然法不仅失去了根基,也因为缺乏汲取养分的通道,现在消瘦得仅剩皮包骨头,以后当然不可能良好。②

廊下派的自然法理论不是"越名教而任自然",他们的主张可名之曰"任自然即任理性":按照自然生活的规法就是在教导我们按照理性生活,因为法律本身就是理性,而且是最高的理性:"法律乃是植根于自然的最高理性(ratio summa insita in natura),它允许做应该做的事情,禁止相反的行为。当这种理性确立于人的心智(in hominis mente)并得到充分体现,便是法律"(《论法律》1.18)。阿奎那也说:"理性的第一个法则就是自然法。由此可见,一切由人制定的法律只要来自自然法,就都和理性相一致。"③因此,自然法本质上就是"理性法"。但此时的理性,不管是逻各斯还是努斯,尚未与神明相分离(尽管这种神明已经开始理性化了):"宇宙中存在着两个原则,即主动原则和被动原则。被动原则是无定性的实体,即质料;而主动原则是存在于质料中

① 据说《马太福音》就引用了色诺芬这段话,见 D. B. Hickie,《色诺芬的〈回忆苏格拉底〉卷四》(*The Memorabilia of Xenophon, Book IV*),Cambridge University Press,1856,页50。

② 菲尼斯在其《自然法与自然权利》"前言"中引述了施特劳斯"研究自然法"的著作《自然权利与历史》第7页中的一段话,认为过去25年的情况与施特劳斯时代已经有所不同,但仍然承认这些根本性的问题还是"为由来已久并持续存在的激烈的党派偏见的历史所遮盖"(前揭,页II)。但在我们看来,一些局部的细微变化不足以支撑菲尼斯的判断,近几十年来,情况并没有发生根本的变化。

③ 阿奎那《神学大全》I ii q. 95 a. 2,马清槐译本,页116。

的逻各斯,即神——他是永恒不朽的,通过遍在于所有的质料中而创生出万物"(《名哲言行录》7.134)。

在廊下派的宇宙论中,宇宙本身就是神(7.137),神意是宇宙的根本法则,自然法只是这种天地大法的产物:

> 宇宙为努斯(nous)和神意(pronoian)所统治,努斯遍在于宇宙的所有地方,就如灵魂遍在于我们身体的每一个地方一样。……它会像灵魂渗透到骨骼和肌腱中去一样,渗透到宇宙的某些地方,在那里表现为习性;它还会如灵魂渗透到头颅中去一样渗透到宇宙的另外一些地方,在那里则表现为 nous[努斯]。因此,整个宇宙是一个有生命的东西,有着灵魂和 logikon[理性]。①

这段话明确地表达了廊下派自然法学说中的宇宙论、灵魂观、神学观和理智论,很大程度上影响了后期古典自然法思想,西塞罗说:"统治整个自然的是不朽的神明们的力量或本性,理性,权力,智慧,意愿"(《论法律》1.21),阿奎那也说"宇宙整体受上帝的理性所支配"(q.91 a.1)。

宇宙或神赋予人以理性的灵魂,就是为了让人认识到自然法则或天道(在神学目的论的语境中,更是为了认识到造物主的存在)。人有智慧,但终归是有限的存在,故而宇宙中必定有着比人更具智慧的存在,天地就是靠这种理智维系着,②而唯有人能认识到神明的存在以及万事万物的秩序(syntaksaton),因为神明在人身上种植(ἐνέφυσε,其词根意思即"本性")了灵魂(灵魂即理智),人的灵魂最像神,也因此才会懂得敬拜神明(1.4.13)。③ 神明在人身上还种植了这样的信念:神既能行善,也能作恶,也就是会惩罚坏人(1.4.16)。这就是自然法理论的终极目标,而下面我们要讨论的"德性"问题属于古典

---

① 《名哲言行录》7.138-139。中文版和 Loeb 本把 nous 和 logikon 都译作"理性"(Loeb 本还把中间出现的这个 nouos 译作 intelligence)。需要特别注意的是,这句话开头的"神意",词根为 noos(即 nous)——这里所谓"神意",不过是未卜先知的能力而已,虽然是先在的"思想",其本质亦无非"努斯"而已。

② 《回忆苏格拉底》1.4.8、4.3.13;另参柏拉图《斐勒布》29a-30d。

③ 另参柏拉图《斐多》80a:"灵魂最像神,最像不死的东西,最像有智性的东西,形相单一的东西,不会分解的东西,总保持自己这个样子的东西"(刘小枫译文)。

自然法的直接目的,也就是自然法属人维度的目的论。

苏格拉底在论证神明存在且以目的来创造万物尤其关心凡人时,就已经开始把神明与理智相等同,为廊下派的自然神学奠定了基础。人这种特殊的存在者的特殊性在于能够认识到来自神法的自然法,并能够按照这种法律来生活。西塞罗说:

> 当我们被禁锢在这肉体的躯壳里的时候,我们是在尽某种必尽的责任,完成某种劳苦的工作,因为灵魂本是来自天上,它从最高的居所降落下来后,好似沉沦于大地,沉沦于这个与其神圣的天性(divinae naturae)和永恒性相悖的地方。不过我想,永生的天神把灵魂输入人的肉体,是为了让人能料理这块大地,并要人们凝神体察上天的秩序(caelestium ordinem),在生活中恒常模仿。①

但我们模仿的那种上天的秩序或自然法的实质却有些模糊不清,因为努斯已然和神意相提并论,那么,我们究竟应该听从神意还是服膺"努斯"呢?如果神也像人一样具有努斯,那么,神与人的根本区别又体现在哪里?"努斯"究竟是一种什么样的存在物?以努斯为本质的"神",或者被限定在努斯这一概念之内的神,还能支撑起自然法的大厦吗?

廊下派所谈到的渗透到宇宙和灵魂的中的神—理性,就是努斯,更是"理性"(logikon 或 ratio):"神是一,是努斯(nous),是命运,是宙斯,他被冠以其他许多名字"(《名哲言行录》7.135),"宇宙是一个有生命的东西,具有理性(logikon)、生气和思想"(7.139,142,147)。这种赫拉克利特式的晦涩论断已经把神、宇宙、努斯和理性混为一谈了。② 理

---

① 西塞罗,《论老年 论友谊》(《论老年》21.77),王焕生译,上海:上海人民出版社,2011,页101。另参《论法律》1.24;阿奎那《神学大全》I ii q.94 a.4。

② 另参赫拉克利特辑语32(DK)。赫拉克利特这里谈论的是"智慧",而"智慧"可以为人所有,见 C. H. Kahn,《赫拉克利特的艺术与思想》(*The art and Thought of Heraclitus: An Edition of the Fragments with Translation and Commentary*),Cambridge University Press,1979,页268。与毕达哥拉斯、柏拉图—苏格拉底的看法不同(参《名哲言行录》1.12,《申辩》21b-23b,《会饮》204a 等)。"智慧"如后世的努斯,主要是指凡人复杂而卑微的心思——神明无所谓智慧,因为神明在智慧之上,根本不需要推理能力。

性固然是宇宙中一种极为特殊的东西,如西塞罗所说,在整个天空和大地上,没有什么东西比理性更加神圣和美好,"它既存在于人,也存在于神,因此人和神的第一种共有物便是理性"(《论法律》1.22-23),人不仅因此分有了神圣,甚至与神明共处一个世界:"人类也以亲缘关系和世系与神明相联系",甚至"人和神具有同一种德性"(1.25),似乎在人类社会最初的绝地天通之后,①人类又因为理性而重新回到了神身边。但神的理性显然与人的理性完全不是一回事,人能够凭借这种理性而变得神圣,并因此甚至通过为自然立法而在以人的"理性"杀死上帝之后变成上帝自己吗?

"努斯"是一个非常古老的观念,《奥德赛》开篇就提到了这个词。四海漂泊的奥德修斯因为见识过人间很多城池,懂得了"人"(anthropos)的 nous(《奥德赛》1.3),才练就了自己的足智多谋,甚至成了政治哲人的原型。无论我们如何理解这里的 nous,②它本质上都是属人的:《奥德赛》1.66 直接将 nous 与 brotos[凡人]连接使用,几乎等同于 thymos[心思](《奥德赛》10.50),往往指"谋划安排",也就是海德格尔所批判的"算计",③本质上属人:"理性是人类行动的第一原理"(《神学大全》I ii q.90 a.1),最终,自然法不过是凡人中最杰出的圣贤的智慧和理性(mens ratioque prudentis,《论法律》1.19,2.8)。

与"神"同在的"努斯",其实质就是"理性"(logikon),但这种逻辑化的理性已经不再是无限丰富的"逻各斯",不再是太初就有的"道":《约翰福音》开篇所谓"太初有道(logos),道与神同在,道就是神",现在则变成了"太初有努斯","努斯就是神"。这样一来,神的观念就发生了根本的转变:

> 神也是有生命的东西,他是不朽的、有理性的;就他的幸福而言,是完满的,或者是思想性的;他不容许任何的恶,对于世界和

---

① 参赫西俄德《神谱》行 535,另参《旧约·创世记》3:23。
② 古典学家解作"思考方式,思想的态度"或"态度,外观,性情",参 W. B. Stanford,《荷马史诗〈奥德赛〉卷 1-12 评注》(Homer: Odyssey, Books I-XII),London:Bristol Duckworth & Co. Ltd,1996,以及 A. Heubeck, S. West, J. B. Hainsworth,《荷马史诗〈奥德赛〉注疏》(A Commentary on Homer's Odyssey),Oxford:Clarendon Press,1988,Vol. 1。
③ 见《海德格尔选集》,孙周兴选编,上海:上海三联书店,1996,页 1264。

世界中的万物有预知。然而,他不具人形,他是宇宙的创造者,也是万物的父亲——无论是就他的整体而言还是就他那渗透万物的每一个部分而言,根据其力量的表现,他被赋予许多不同的名字。他们说,他是"帝亚"(Δia),因为万物都"由"(δia)他而来;他们称他为"策纳"($Z\tilde{\eta}\nu a$),因为他是"生命"($\zeta\tilde{\eta}\nu$)的原因,或者渗透到生命中;称他为"雅典娜"($A\vartheta\eta\nu\tilde{a}\nu$),因为他的权能延伸到"以太"($ai\vartheta\acute{e}\varrho a$)那里;称他为"赫拉"($\H{H}\varrho a\nu$),因为他的权能延伸到"气"($\acute{a}\acute{e}\varrho a$)中;称他为"赫菲斯托斯",因为他的权能延伸到具有创造力的"火";称他为"波塞冬",因为他的权能延伸到湿气中;称他为"德墨忒尔",因为他的权能延伸到大地。(《名哲言行录》7. 147)

这让我们想到了自然哲学肇兴之时,人们为了提高哲学的地位而对神明所做的理性改造。"神"在后世被进一步抽象为"自因",但可惜的是,"自因(Causa sui)……是哲学中表示上帝的名副其实的名称。人既不能向这个上帝祷告,也不能向这个上帝献祭。人既不能由于畏惧而跪倒在这个自因面前,也不能在这个上帝面前亦歌亦舞"。[1]

还残存在亚里士多德笔下 logikon 中的辩证法,此时已完全变成了"逻辑"——亚里士多德当然是始作俑者。[2] 廊下派后来接着亚里士多德说:"所有的事情都必须通过逻辑学理论来加以分辨,包括那些落入自然哲学以及伦理学领域中的东西,他们说,既然逻辑学告诉我们应该如何去正确使用词语,它也同样告诉我们应该如何安排那些关于行为的法则"(《名哲言行录》7.83),原来需要努斯和理性才能认识的自然法,现在则完全交给了逻辑学。"逻各斯"不只是逻辑学,据说至少有

---

[1] 海德格尔,《形而上学的存在—神—逻辑学机制》,孙周兴选编《海德格尔选集》,前揭,页841。

[2] 亚里士多德《形而上学》1005b22 作"逻辑",1080a9 作"推理"(苗力田译,Ross 译作 argument)。《尼各马可伦理学》1108b10 所谓 logikon areton,"推理的德性",而非"逻各斯的德性",被认为是后人所加。据说,亚里士多德和柏拉图(的语言)不是同一个时期的产物,"我们应当把柏拉图的风格看作一个以后不会再重现的旧时期的顶峰,而把亚里士多德的风格看作一个新时期的开端"(洪堡,《论人类语言结构的差异及其对人类精神发展的影响》,姚小平译,北京:商务印书馆,1999,页236),的确富有启发。

六个部分:辩证法、修辞学、伦理学、政治学、自然哲学和神学(7.41)。柏拉图在其独特的"辩证法"意义上使用 logikon 一词,他没有单独使用过该词,也就是没有把它当成一个独立的概念,更不可能把这个尚不存在的概念上升到无以复加的高度,他有限几次的使用都只是出现在复合词 antilogikon 中,而该词的意思就是"相互争辩",①也就是针锋相对的"逻各斯"。柏拉图的辩证法也不仅仅是"一门关于真、假和非真非假的科学"(《名哲言行录》7.42)。

"努斯"和"理性"最终变成了"推理",就连神的存在也靠这种理性的推理而来,至于神明是否自有永有,则已成为不相干的问题。因为,"通过理性,我们则获得了由证明而来的结论,如诸神存在以及他们的预知"(《名哲言行录》7.52)。逻各斯化的理性主要是一种"推测、论证、批驳、阐述、综合和做结论"的能力(《论法律》1.30)。阿奎那说:"在推理时,我们从天然懂得的不言自明的原理出发,达到各种科学的结论,这类结论不是固有的,是运用推理的功夫得出的。"②自然法最多还能为这种推理提供一个不言自明的大前提,其余则完全可以交给人的理性,也就是人的推理能力。这种观点已经非常现代,从这里已经可以清楚地看到作为黑格尔哲学基石以及整个思维内核的《逻辑学》的萌芽。

简单地说,亚里士多德以后的思想最大的问题在于逻各斯的逻辑化、理性的理智化或逻各斯的努斯化,必然让人类走进深刻的危机。20世纪最伟大的哲学家之一胡塞尔的思想觉醒堪称经典案列,他早年从事传统哲学研究时花了很大的精力研究逻辑,最后几年在"危机"中却认识到:

> 适合于解决现在我们感到不安的这种谜的,是一种新的科学态度,而不是数学的科学态度,也根本不是历史意义上的逻辑学

---

① 比较海德格尔的 Auseinandersetzung,见海德格尔,《哲学论稿(从本有而来)》,孙周兴译,北京:商务印书馆,2012,页194。关于 auseinandersetzung 的含义,参 K. Maly,《根本性摇摆于跳跃中的转折》("Turnings in Essential Swaying and the Leap"),收于 C. E. Scott 等编,*Companion to Heidegger's* Contributions to Philosophy,Bloomington:Indiana University Press,2001,页152。

② 《神学大全》I ii q.91 a.3 结尾处,马清槐译文,页107。

的科学态度。也就是说,不是一种在它之前已经可能有的完成了的数学,逻辑学,逻辑斯蒂,作为已经准备好的规范的科学态度。①

而海德格尔的"新开端"或"另一开端"(andere Anfang)正是来自对逻辑的怀疑,尤其是对作为逻辑的必然退化的逻辑斯蒂的怀疑。②他认为从 logos 到 ratio 乃是一场"灾难性的转渡"(Übersetzen),也就是说,罗马世界用 ratio 来翻译 logos,导致了后来一系列的思想灾难,因为 ratio 本义即"计算",而一旦人从 ζῷον λόγον ἔχον[拥有逻各斯的动物]变成 animal rationale[理性的动物],即后者对前者做了形而上学的阐释,③人就偏离了最本己的规定,"根据这个定义(按即 animal rationale),人就是计算的动物,计算领会着 ratio 一词最广泛的意义。而 ratio 原本只是古罗马商业用语中的一个词汇,早在由希腊思想向罗马认识转换时就已被西塞罗所采用"。④但我们需要更深刻的追问,比如就正义而言,"正义究竟是仅仅基于对共同生活的有利之处的算计(calculation),还是因其自身之故,从而'依据自然'就值得选择"(页 184)?

既然"理性是用来计算的,它可以确定事实的真假,可以看到数学上的关系,但仅此而已",⑤那么,如果人们狂热地诉诸理性,让"理性"成为暴君,就会陷入困境和危险之中。⑥理性,无论是 nous 还是 logikon,当然是人类最根本的特质,但如果成为无所不能和唯我独尊的

① 胡塞尔,《欧洲科学的危机与超越论的现象学》,王炳文译,北京:商务印书馆,2001,页 160。

② 海德格尔,《〈形而上学是什么?〉后记》,见《路标》,孙周兴译,北京:商务印书馆,2000,页 359-360。另参《黑格尔与希腊人》,见《路标》,前揭,页 502。另参《康德与形而上学疑难》,前揭,页 234。

③ 海德格尔,《关于人道主义的书信》,见《路标》,前揭,页 377。

④ M. Heidegger,《根据律》(The Principle of Reason),Reginald Lilly 译,Indiana University Press,1991,页 129(中译本把 rechnen[计算]译作"依置活动",见海德格尔,《根据律》,张柯译,北京:商务印书馆,2016,页 274)。但从西塞罗的著作来看,ratio 还指"生活方式",因此,海德格尔的批判可能太苛刻了。

⑤ 麦金太尔,《德性之后》,龚群等译,北京:中国社会科学出版社,1995,页 69-70。

⑥ 尼采,《偶像的黄昏》,卫茂平译,上海:华东师范大学出版社,2007,页 52。

"造物主",甚至可以从自身中推导出存在来,①这种自我膨胀无疑就是
自我毁灭之道。温和一点说,理性的僭越导致思想"后来发生了一次
对首要问题的偏离":

> 这种偏离赋予政治哲学"抽象的"特点,因而产生一种观点,
> 即哲学运动必定不是从意见到知识,从此时此地到永恒永久的运动,
> 而是从抽象到具体的运动。人们认为,凭借这种向具体的运动,
> 新近的哲学不仅已克服现代政治哲学的局限,也摆脱了古典政
> 治哲学的局限。但人们没有看到,这种定位的变化使现代哲学最
> 初的缺陷永久化,因为它把抽象作为自己的起点,人们最终抵达的
> 具体根本不是真正的具体,仍是一种抽象。②

理性的颠转未必能够根本解决问题,如果不把理性限制在其应有
的范围内,任何努力可能都是徒劳。要解决对"在我们这个不幸时代
听由命运攸关的根本变革支配的人们来说十分紧迫的问题",③首先需
要认识到理性最原初的本质。

在生物界,理性为人所特有,这当然不是问题,问题在于理性的
含义在古代和近现代发生了巨大的转变。在色诺芬的《回忆苏格拉
底》中,nous 往往与 phronesis[明智]并举,说明 nous 在苏格拉底那里,
其本质就是 phronesis。④ 与 nous 和 logikon 相关的是 sophia[智慧],这
种亚里士多德式的原因探究能力,正是苏格拉底极力避免的,因为在
他看来,美好和高贵不是 sophia 的对象,而是 phronesis 的对象:《回忆
苏格拉底》大部分内容都在谈苏格拉底的 phronesis,——避而不谈他
的 sophia 就是对苏格拉底最精妙的辩护。⑤ 在希腊人那里,phronesis

---

① 巴雷特,《非理性的人》,杨照明等译,北京:商务印书馆,1995,页159。另参索
洛维约夫,《西方哲学危机》,李树柏译,杭州:浙江人民出版社,2000,页40。
② 施特劳斯,《什么是政治哲学》,李世祥等译,北京:华夏出版社,2011,页20。
③ 胡塞尔,《欧洲科学的危机与超越论的现象学》,前揭,页15-16。
④ 《回忆苏格拉底》1.4.8、1.4.17. M. D. Macleod 把 phronesis 译作 intelligence,
把 nous 译作 mind,而 A. L. Bonnette 则把前者译作 sense,把后者译作 intelligence。
⑤ 施特劳斯,《色诺芬的苏格拉底》,高诺英译,北京:华夏出版社,2011,页109。

这种特别的"智慧"(既不是 sophia,更不是 nous),其核心含义就是节制(而不是理性汹涌无度的泛滥):苏格拉底不区分 sophia 和 sophrosyne[审慎节制],[1]因为智慧、理性和理智的要诀就是节制,"唯有节制方是通往天上的直路"。[2]

爱好逻各斯的克法洛斯之所以自诩为一个有理智(nous)的人(《王制》331b7),大概就在于他摆脱了欲望的束缚,这种自制使他达到了"有序"(*κόσμιοι*,329d4)的状态,也就是能够如廊下派所谓按照"宇宙法则"(cosmos)来生活,当然也就是进入了自由的澄明之境,[3]一言以蔽之,"克己复礼为仁"。这也许就是古典政治哲学的根本教导:摆脱狂热主义,保持节制,从而获得"宁静(serenity)或崇高的清醒(sobriety)"。[4] 据说,柏拉图的《王制》就是要治疗不切实际的乌托邦,也就是无度放纵的理智病。[5]

实际上,苏格拉底年轻的时候也患过这种病,他对阿那克萨戈拉的"努斯说"经历了从信服到"扬弃"的转变,他后来意识到,哪怕理性或理智这种太阳能够照亮一切,启蒙(enlighten)一切,但盯着太阳看会让人眼瞎(《斐多》99d - e)。这是西方一件尚未得到足够重视的思想公案,包括自然法在内的西方思想整体的救赎可能会在这种转变中看到"第二次起航"的契机。苏格拉底的第二次起航以告别努斯开始,也是对"探索原因"的哲思方式或智慧命名的一种批判。大而化之的努斯不能解释一切事情,逻辑推导无法对应复调而立体的生活世界,过分火热的太阳会烧焦人类的家园。从这个意义上说,亚里士多德和廊下派

---

① 《回忆苏格拉底》3.9.4;关于 phronesis,另参 1.2.10、17、20、23、26、27 等,同根或相关的词在该书中大约有 100 处,而 sophia 则仅 25 处。phronesis 与古希腊语中另一个十分重要的概念——sophrosyne 同义。关于该词的专项研究,参 A. Rademaker,《Sophrosyne 与自我克制的修辞》(*Sophrosyne and the Rhetoric of Self-restraint*),Leiden:Brill,2005。

② 《名哲言行录》7.29。这是安提帕特洛斯为芝诺撰写的墓志铭中的一句话。

③ 关于宁静与自由,参《王制》329c6 - 7,另参西塞罗《论至善和至恶》1.43、46,中译本见石敏敏译,北京:中国社会科学出版社,2005。

④ 施特劳斯,《什么是政治哲学》,前揭,页 20。

⑤ Leo Strauss,《城邦与人》(*The City and Man*),Chicogo:University of Chicogo Press,1964,页 65、127;另参布鲁姆,《人应该如何生活:柏拉图〈王制〉释义》,刘晨光译,北京:华夏出版社,2009,页 151。

都是相对于苏格拉底的倒退。① 所以,潘戈在为施特劳斯的《柏拉图式政治哲学研究》撰写的"导言"中评述《论自然法》一文时,准确地看到:自然法传统既是苏格拉底的继子(stepchildren),又是其最强有力的对手。② 毕竟,对于古希腊人来说,"首要问题涉及的与其说是自然法,不如说是自然正确(natural right),亦即根据自然,什么是正确的或正义的"(页183)。

三、理性与德性

如果"自然法"本质上是"正确的理性",③那么,什么才是"正确的"呢? 从更高的层次上说,每一项研究(methodos)都有一个根本的目标,④"自然法"的目标何在? 西塞罗说"法律的制定是为了保障公民的幸福、国家的繁昌和人们安宁而幸福的生活。……只要它们被人民赞成和接受,人民便可生活在荣耀和幸福之中"(《论法律》2.11),从神明的理性和意志"流溢"出的自然法当然也是为了这个目标。但如何才能实现? 古典自然法思想由此引入了德性论,以此回答我们应该如何生活的问题。⑤ 因此,我们可以大略把"自然法"视为一种通向德性论的桥梁,甚至德性本身也是手段:"德性既是手段性的善也是目的性的善。就它们产生出幸福而言,它们是手段性的善;就它们让自己成为幸福的一部分从而使得幸福得以实现而言,它们是目的性的善"(《名

---

① 亚里士多德似乎颇为赞赏阿那克萨戈拉(《形而上学》984b)。另参《形而上学》982a8-17,《物理学》184a10-16,《尼各马可伦理学》1143a-b 等。参劳埃德,《早期希腊科学:从泰勒斯到亚里士多德》,孙小淳译,上海:上海科技教育出版社,2004,页104。耶格尔说,亚里士多德晚年最终从哲学回归到神话之中去了。参耶格尔,《亚里士多德:发展史纲要》,朱清华译,北京:人民出版社,2013,页277。

② 施特劳斯,《柏拉图式政治哲学研究》,前揭,页34。

③ 西塞罗,《论共和国》3.33,《论法律》1.22、1.31-33、1.42 等。西塞罗认为 lex 来自于 legere[选择],法律就是"正义而正确的选择"(《论法律》2.11,另参1.19)。

④ 《尼各马可伦理学》1094a1-2,《政治学》1282b14-15。

⑤ 《王制》352d6,另参344e2-3。现代自然法也谈德性问题,但相比古典思想淡薄得多,"自然法"与"伦理学"或"理性"与"德性"之间的联系远不如古代紧密,在后者那里,两者甚至是一回事。

哲言行录》7.97)。在古典思想家那里，以德性为基础的幸福生活才是所有探究的终极目的。

自然法要求我们的生活与自然保持一致，而这里所谓的"自然"，绝非自然哲学家所理解的"自然"，①而是万物（包括人）内在的本性，即自我完善的自然属性，下降到伦理现实领域，就是善或德性。因此，按照自然法来生活，其实就是依照自然法所要求的德性方式来生活：

> 人的目的就是要与自然相一致地生活，也即依照德性生活——因为自然会引领我们到它那里。……因为我们自身的自然乃整个自然的一个部分。这就是为何目的即等于遵循自然而生活，即依照他自己的自然和整个自然而生活，不做普遍法则惯常所禁止的事情，这普遍法则就是那渗透万物的正确理性，也即那统治、主宰万物的宙斯。……当所有的事情都根据这样一种和谐而被完成的时候，它自身就成了幸福之人的德性和幸福生活本身。（《名哲言行录》7.87－88）

既然我们以及我们的"自然"是整个自然的一部分，而自然的普遍法则就是渗透万物的正确理性(ὁ ὀρθὸς λόγος)，它要求我们达成各方面的和谐，不做恶事，才能获得幸福，②因而遵从自然法，其实就是遵从我们内在的法则。

与廊下派相似，阿奎那也认为，自然法最普遍的原理可以直接运用于人类社会。③ 阿奎那引用亚里士多德《伦理学》2.1 和《政治学》2.1 中的观点，得出了同样的看法："法律的真正目的是诱导那些受法律支配的人求得他们自己的德行。既然德行是'使有德之士享受幸福的行为'，那么由此可以推断，法律的真正效果是全面地或在某一方面为之

---

① 与先秦道家的"自然"也不尽相同，与魏晋玄学中"逍遥"式的"任自然"更是完全不同。"自然"的含义颇为复杂，要之可有四个层次：物理的、心理的、形上的和伦理的，分别对应于"大自然"、"人性"、"本然"和"应然"。维柯认为"自然"有三个层次：神性的自然（或"诗性"的、"创造性"的自然），人性的自然（理智、谦恭、良心），以及半神半人的英雄的高贵自然，见《新科学》，朱光潜译，北京：商务印书馆，1989，下册，页 491－492。因此，自然法也相应地有三种。

② 另参阿奎那《神学大全》I ii q. 96 a. 4。

③ 另参《政治哲学史》，前揭，页 261，英文版，页 267。

颁布法律的那些人的福利"(q. 92 a. 1),而社会共同体必须以善为目标。① 阿奎那同样借助目的论来论证德性论,施特劳斯如是总结道:

> 一切造物,就其借助神意从而也有趋向自身的合宜行动和目的的倾向而言,都参与了神法。理性存在者以更为优越的方式参与神意,因为他们能够为自己运用某种预见,他们能够知道自己依据自然就倾向于拥有自然次序的多种多样的目的,他们通过社会中生命的自我保存和繁衍而向上帝的知识上升。自然法引导人的行为朝向那些由命令和禁令构成的目的。换种不同的说法,作为理性存在者,人依据自然而倾向于按照理性来行动。按照理性而行动即是有德性地行动,自然法因而就规定了德性的各种行动。(页 189)

廊下派用一种天人合一的理论论证了理性与德性的内在关系,我们甚至可以这样理解:天人合一的自然哲学或宇宙论不是我们获得伦理思索的必要条件,而应该反过来说,道德原则(moral principle)才是我们反思宇宙理性秩序的自然原则,②因为普遍的道德法则本身就是自然的理性秩序,或者说"德性是完美发展的理性,它存在于自然之中"(《论法律》1.45)。施特劳斯总结说:

> 自然法将人导引向他的完善———种理性的和社会性的动物的完善。自然法是"生活的指南和责任的导师"(西塞罗《论神性》1.40),它是理性对人类生活的命令。由此,为其自身的缘故而值得选择的有德性的生活,开始被理解为遵从自然法——遵从这样一种法,有德性的生活逐渐被理解为顺服的生活。反过来说,自然法的内容就是德性的全部。(页 187-188,略有改动)

廊下派甚至不区分法与道德,因为在"圣人共同体"的 megalopolis

---

① 阿奎那,《论君主政治》,见《阿奎那政治著作选》,前揭,页88。
② J. G. DeFilippo and P. T. Mitsis,《苏格拉底与廊下派的自然法》("Socrates and Stoic Natural Law"),收于 P. A. Vander Waerdt 编,*The Socratic Movement*,Ithaca:Cornell University Press,1994,页 253。

［理想国］，即他们所谓的 cosmopolis［宇宙城邦］中，①人人皆为尧舜，实定法根本无用武之地。

廊下派的"自然法"其实就是根据宇宙法则而来的道德律令，这种律令合于宇宙的和谐和完满，因而它的德性要求也同样如此：希腊语的德性（arete）本指事物的完满状态，如马善跑，②后来逐渐转而引申为伦理上的卓越。克律希珀斯如此论证道：最高的优秀品质必然呈现在绝对和完满的事物身上。没有什么比宇宙更完满，也没有什么比德性（virtutue）更好，所以德性就恰当地属于宇宙。③ 德性就是达到完善，进入最高境界的自然（《论法律》1.25）。如果加上前文所说的"理性"，我们便可以看到："善是根据理性存在者的本性，或者如理性存在者的本性而来的完满"（《名哲言行录》7.94）。

再由此推导，我们便能够获得幸福：

> 德性就是和谐的状态，我们是因为它自身而选择它，不是出于某种恐惧、希望或任何其他外在的动机。幸福就在德性中，因为正是通过它，在灵魂中产生出整个生命的和谐。理性的动物走错路，那是因为他被外在事物的假象所欺骗，或者出于同样的教唆。因为自然总是给出正确的东西。（同上，7.89）

灵魂的善即德性，人因德性而幸福。④ 廊下派在伦理方面提炼出了

---

① P. A. Vander Waerdt，《芝诺〈政制〉与自然法的起源》（"Zeno's *Republic* and the Origins of Natural Law"），前揭，页 290。

② 在"卓越"与"德性"的转换中间，还有一个特别重要的环节，那就是 ergon［功能］，《王制》335b－d 这段论辩绝佳体现了 arete 的这两种意思。另参《美诺》72a3－4，《尼各马可伦理学》1106a15－17。

③ 西塞罗，《论神性》2.39，中译本，页 77（有所改动）。Walsh 把 virtus 译作 excellence，符合 arete 的古义，A. S. Pease 注曰：事物本性的完美发展（*ad loc*）。另参《名哲言行录》7.90，亚里士多德《形而上学》1021b20－21。

④ 这是《王制》全书的根本教导。亚里士多德曰："幸福是善德的实现，也是善德的极致"（《政治学》1328a37－38，吴寿彭译文；另参 1323b41－1324a2；但《尼各马可伦理学》1177a－1178b 似乎对此有着不同的理解）。另参《名哲言行录》7.127 和 189 等处。另参施特劳斯，《苏格拉底问题与现代性》，彭磊等译，北京：华夏出版社，2008，页 22。

精致的目的论体系,从普遍的理性推导出人内在的德性,然后再从德性推导出"应当"或"义务",而要完成这些义务就必须审慎、勇敢、正义和节制。据说芝诺第一个提出"义务"概念,这倒未必合于史实,但"义务"本指"由……而来",当然由"自然"而来,因此"义务"乃是"应然"本身的要求,"自身就有着为何要被做的合理理由"(同上,7.107-108、126、128),与对"暴死"之类的恐惧无关——仅仅在这一点上说,古典自然法所强调的"自然正确"可能远比作为现代自然法基础的"恐惧"高明。

古典自然法甚至不是以惩罚来恐吓人们不去犯罪,而更多的是诉诸德性的教导,因为"如果只有惩处,只有对惩罚的恐惧,而不是罪行本身的可鄙性使人们放弃非法的、罪恶的生活,那便谁也不是违法者"(《论法律》1.40)。公正、善恶、高尚和卑劣本有"自然"的标准,不是人的心理和意见所能左右。法律源于自然,因而才会有慷慨、孝敬和虔诚,这些东西才是法的基础,而要维系最根本的德性,不是靠恐惧,而是"由于人和神之间存在的紧密联系"(1.43),也就是靠人性中的神性之维。

允行禁止的正确理性这种自然法乃是唯一的法,①教导我们生活的法则,即按照自然生活,就是"永远与美德相一致"(《论义务》3.14,《论法律》1.56),也就是要公正,因为"一切违背公正的不幸更违背自然:唯有公正这种美德是一切美德的主人、女王"(《论义务》3.28)。所以,"奔向至善"(ad finem bonorum),就是"我们一切行为的标准,也是其终极的目的"(《论法律》1.52)。在西塞罗那里,法律(ius)产生"正义"(iustitia),也就是要求德性(virtus)和仁善(mercede 或 benignusue)的生活,所有这一切,就是我们做人的义务(officium)。"自然"规定"义务",而"义务"无非"性分之所固有,职分之所当为"(朱熹《大学章句》序)。德性或善,符合自然,也就是人的本质规定,因为"崇高而伟大的心灵,此外还有温和、公正、慷慨,远比享乐、生命、财富更符合自然;……为了自己的利益而攫取他人的财富比死亡、痛苦以及各种类似的东西都更违背自然"(《论义务》3.24)。"如果他认为危害他人丝毫不违背自然,那么,还需要同一个身上人性完全消失了的人讨论什么呢"(3.26)?违背自然,把所有的人性都从人身上拿走了(omnino ho-

---

① 西塞罗,《论法律》2.42,另参柏拉图,《米诺斯》316b5,《泰阿泰德斯》172b、177d,亚里士多德《修辞术》1375a31-b5。

minem ex homine tollat），当然就不再是人了，不可共语。

自然法这种"正确的理性"其实就是"正确的生活方式"，而"正确的生活方式会使人们变得更好"（《论法律》1. 32）——ratio 既是"理性"，又是生活的样态（而不仅仅是海德格尔所攻讦的"计算"）。① 自然法作为"生活的法则和规矩"（leges vivendi et disciplinam, 1. 57; vivendi doctrina, 1. 58），当然要教导正确的生活方式，这种方式比现代大哲所谓"生活世界"（胡塞尔）和"生活形式"（维特根斯坦）更接近"德性"，也才更懂得"生活"。与古典自然法学说对德性的强调相比，20 世纪兴起的"德性伦理学"简直就是"同语反复"式的有用的废话，随之而来的"德性政治学"以及最近 20 年跟风的"德性法理学"看起来亦无非"画蛇添足"。② 不过，在普遍遗忘了德性的现代学科中强调这一点，亦不无益处。

总之，如果"正确合理即永恒"（《论法律》2. 11），那么，德性就接近于甚至本身就是神（2. 28）。宇宙及自然法的目的（telos）就是按照自然和谐地生活，果如是，智慧者必然活得幸福、完满并受神眷顾。德性乃是唯一善，这不仅是哲学的第一原理，也是我们的生活和命运的重要教导。这就是"认识我们自己"这一古老箴言最本质的内涵：

> 要知道，谁认识了自己，他首先会感到自己具有某种神性，意识到自己拥有的智力如同某种神圣的影像，他会永远从事和思考那种与如此伟大的神明礼物（暗指哲学）相称的事情，……从而明白他将成为一个高尚的人，从而也是一个幸福的人（1. 59）。③

当然，廊下派和西塞罗等人的这种观点并非自己的首创，柏拉图已有明确的说法，施特劳斯就分析道：

---

① 王焕生的译本和 J. E. G. Zetzel 的英译本（Cambridge, 1999, 页 116）都作此译。当 ratio 与 vivendi 连用时，译成"生活理性"确实不妥（另参 1. 55）。

② 关于"德性法理学"，参 S. Berges，《柏拉图论德性与法律》（*Plato on Virtue and the Law*），London: Continuum International Publishing Group, 2009, 页 27 - 29 以及所引文献。

③ 另参《论法律》1. 62，《图斯库鲁姆清谈录》1. 52 - 56, 5. 1、68 - 71，《论至善和至恶》5. 68 - 72。

在各种德性和其他好东西中有一种自然的秩序,这一自然的秩序是立法的标准(《法义》631b-d)。人们由此可以说,在柏拉图的意义上,自然正确首先是各种德性的自然秩序,而这些德性乃是人类灵魂的自然的完美(参《法义》765e-766a),同时,自然正确也是依据自然就好的其他事物的自然秩序。(页184)

亚里士多德亦曰:"幸福是灵魂的一种合于完满德性的实现活动"(《尼各马可伦理学》1102a)。我们的儒家传统虽与之有很大的差别,但在这一点上可谓不谋而合,正如刘小枫先生所说的:

> 无论儒家还是希腊的道德形而上学,对世界都采取适度的接受态度。在道德形而上学看来,世界本质上是合理的,它体现了天道或自然秩序。世界之中有一个确实的可以信赖的道德秩序,人生只要从属于这个秩序就有意义。儒家倡导天人合一的基本信念,肯定人在现实道德的宗法秩序中成圣成乐的可能性;苏格拉底以理性的道德知识为真实的生活世界不可或缺的基础,生活的一切重要领域都依赖于人的道德理性。凭靠隐含着自我批判的道德理性认识,人就能够超逾直接经验的偶然,寻求到世界的善的目的。①

即便获得了善德,但德性有很多种,我们还需要问:什么样的善德才能够达致幸福。施特劳斯指出,廊下派眼中的"有德性的生活"(virtuous life)并不是"道德生活"(moral life),而首先是"理论德性"(theoretical virtue)的生活,也就是哲学研究:

> 然而,廊下派理解的有德性的生活,并不等同于跟沉思生活有别的道德生活,因为四枢德之一是智慧,而智慧首先是理论式的智慧,有德性的人即是智者(the wise)或哲人。人们不禁要说,哲学研究在廊下派看来仿佛就是一种道德德性,也就是说,他们将哲学研究看作是可以向大多数人要求的某种东西。(页188)

---

① 刘小枫,《拯救与逍遥》,上海:上海三联书店,2001,页75(1988年版页82-83)。

我们在廊下派的这种生活三分法中清楚地看到了亚里士多德的直接影响,廊下派甚至克隆了亚里士多德的理论。①

这样一来,廊下派实际上就混淆了中古哲人努力分辨的"理论德性"和"实践德性"(或"审慎的德性")。②古典思想家并不否认理论科学研究的重要性:苏格拉底看起来仿佛对自然哲学嗤之以鼻,其实不过是在批评前苏格拉底的自然哲学无序、无度和缺乏明确伦理目的的狂妄研究。苏格拉底把(自然)哲学从天上拉回人间,但并不拒绝自然哲学。③德性就是知识,邪恶就是无知(《名哲言行录》7.93),而一旦我们缺少了这样的知识,就失去了生活或行为的理性方法(《论至善和至恶》1.64)。但是,正如西塞罗所说:

> 以人类利益为中心的美德,致力于维系人类社会,求知若脱离了这种美德,就会变得空虚、无果。同样,勇敢若挣脱了社会联结的纽带,只会沦为某种疯狂和残暴。因此,人们的社会联系和他们之间的共同关系应胜过认识追求……因此,一切能维护人们之间的结合和联系的义务应该比那些与认识事物和科学研究有关的义务更重要。(《论义务》1.157-158)

以研究天学(以及所有自然之学)为例,此类理性探究不仅仅是为了知识本身,且有着更为重要的目的:天学是为了让我们体察宇宙的伟大秩序,从而让我们的精神获得审慎和正义(《论至善和至恶》

---

① 廊下派把生活分为静观的(theoretical)、实践的和理性的(logikos)三类,并认为第三种,也就是理性的生活才最值得过,"因为自然创生出理性的动物就是为了理论(theoria)和实践(praxis)"(《名哲言行录》7.130)。另参《尼各马可伦理学》1095b、1177a-1179a,以及卷六整卷;另参《政治学》1324a。

② 阿尔法拉比,《柏拉图的哲学》,程志敏译,上海:华东师范大学出版社,2006,页169。另参阿奎那《神学大全》I ii q.94 a.4。

③ 《回忆苏格拉底》1.1.11-16,比较1.4和4.7。J. G. DeFilippo and P. T. Mitsis,《苏格拉底与廊下派的自然法》("Socrates and Stoic Natural Law"),收于 P. A. Vander Waerdt 编,*The Socratic Movement*,前揭,页253-260。柏拉图的《蒂迈欧》本身就是为政治宇宙论奠基的自然哲学研究,而在哲人王的教育中,任何自然哲学的理论研究都不可或缺。另参《申辩》18b-23e,《斐多》96a-99d;另参亚里士多德《形而上学》987b1-2;另参《论至善和至恶》3.17-18。

4. 11）。

在西塞罗看来，物理研究之所以光荣，就在于让我们认识到宇宙整体的"自然"之后按照它来生活，如果缺少这样的知识，就无法判断善恶，更无法认识到古人诸如"认识自己"之类的神圣智慧，"也唯有这门科学能够揭示自然的权能，以培育正义、维护友谊以及其他情感纽带。不解释自然世界，就不可能理解我们还需要敬神，也无法理解我们应该如何恰当地感激神明"（《论至善和至恶》3. 73）。总之，理性科学、实践理性、审慎节制以及所有的德性都不可分离（《论至善和至恶》4. 19）。

既然以德性和幸福为目标的自然法旨在维护和保障人类的利益（utilitatem hominum conseruat et continet,《论义务》3. 31），那么，真正的德性便主要不在于理论探讨，美德的特性在于团结人们的心灵，使他们为了自身的利益联合起来，这就需要首先洞察每一件事物的根本原因（即亚里士多德的原因探求的智慧），其次要抑制情感和欲望的泛滥，使之服从理性，最后要节制地、审慎地与和我们一起生活的人交往，充分、富足地把握自己属人的本性（《论义务》2. 17 - 18）。①

知识渊博固然值得称赞，独善其身亦殊为不易，他们凭借这样的知识足可成为真理的美德的"教师"，但还有另外一种兼综的能力更值得赞许，西塞罗说：

> 我指的是国家管理和国民教育，它能在高尚的、具有杰出才能的人们身上造就一种它曾经经常造就的东西，一种特别的、神性般的德性。但如果有人认为有必要对自己的灵魂具有的那些由自然赋予的和在社会活动中获得的能力再补充以学问和对事物的更广泛的认识，……那么便不会有人不认为他比所有其他的人更杰出。事实上，有什么能比把参与和从事伟大的事业与对那些科学的研究和认识结合起来更美好呢？……因此，如果一个人不仅希望，而且能够做到这两点，即既使自己深刻理解祖辈们的习俗，又能使自己掌握哲学学说，那么在我看来，他便获得了能

---

① 另参 G. Watson,《自然法与廊下派》（"The Natural Law and Stoicism"），收于 A. A. Long 编, *Problems in Stoicism*, NJ: The Athlone Press, 1971，页 229。西塞罗在《论神性》1. 44 中赞美了亚里士多德的形而上学和自然哲学。

使人获得荣誉的所有东西。但如果需要从两条通向智慧的道路
中任择一条,那么尽管在高尚的研究和科学活动中度过那种平静
的生活令一些人觉得更为幸福(按:似乎在影射或批评亚里士多
德),但从事这种国家管理仍然更值得称赞,更加光荣。(《论共
和国》3.4－6)

与柏拉图笔下成了政治哲人的"哲人王"一样,"良善的人
($\dot{o}$ $\sigma\pi\sigma\nu\delta\alpha\tilde{\imath}\sigma\varsigma$)从不离群索居,因为他们从本性上就是公共性的和实践
性的"($\varkappa\sigma\iota\nu\omega\nu\iota\varkappa\dot{o}\varsigma$ $\varkappa\alpha\dot{\iota}$ $\pi\rho\alpha\varkappa\tau\iota\varkappa\dot{o}\varsigma$,《名哲言行录》7.121－123)。包括哲
学家在内的所有人,都必须着眼于整体,因为"任何部分的优点都必须
参照它所形成的整体来考虑。所以奥古斯丁说(《忏悔录》3.8):'所有
并不能适当地适应其整体的部分都是卑劣的。'"①

富有理性的哲人更需要德性,而且这种德性不仅仅是理论德性,更
是兼济天下的利他情怀:

> 他认识到自己的出生是为了公民社会(civilem societatem),
> 他认为不仅要善于运用详细分析问题的能力,还要善于驾驭不
> 断自由涌溢的语言,借以管理人民,确立法规,斥责邪恶之徒,保
> 卫高洁之人,赞颂伟大的人物,令人信服地向自己的公民布示导
> 向幸福和荣誉的法则,激励人们修养德性,促使人们放弃鄙陋,
> 安慰受伤害的人,谴责邪恶,为高尚和明理之人的行为和思想建
> 立永久性的纪念碑。所有希望认识自己的人在人的身上可以看
> 到如此众多、如此重要的品质,而它们的母亲和抚育者便是
> 智慧。②

这种智慧才当得起神赐礼物的名称(《论法律》1.58,《论义务》
2.5－6),这样的德性才算得上"神圣的德性"(divina virtus,《论共和
国》3.4)。归根结底,古典自然法的根本教导就是"志于道,据于德,依

---

① 《神学大全》I ii q.98 a.3,见《阿奎那政治著作选》,前揭,页109。
② 《论法律》1.62;另参《论义务》1.22、1.71－72,《论共和国》1.8－12;柏拉图
《书简九》358a2－b3;另参施特劳斯、克罗波西编,《政治哲学史》,前揭,页
148。

于仁"(《论语·述而》)。

* 教育部哲学社会科学后期资助重大项目"《苏格拉底的申辩》章句疏释"(17JHQ001)阶段成果。

论文

普罗米修斯与民主的秘密（上篇）

——阿里斯托芬《鸟》绎读

刘小枫*

（中国人民大学文学院）

摘　要：埃斯库罗斯笔下的普罗米修斯形象是否有现实原型？柏拉图的《普罗塔戈拉》让我们看到，普罗塔戈拉这样的智识人是普罗米修斯的现实原型。在埃斯库罗斯的普罗米修斯与柏拉图笔下的普罗塔戈拉之间，还有阿里斯托芬的《鸟》，其中虽出现了普罗米修斯，但主要的戏剧角色是佩斯特泰罗斯。在埃斯库罗斯的普罗米修斯三联剧与柏拉图的《普罗塔戈拉》之间，阿里斯托芬的《鸟》很可能起着承前启后的作用。

关键词：阿里斯托芬　普罗米修斯　乌托邦　自由　雅典民主

　　埃斯库罗斯的普罗米修斯三联剧仅存《被缚的普罗米修斯》，政治思想史家沃格林从中看到，埃斯库罗斯"将肃剧的普罗米修斯等同于人内心的普罗米修斯冲动"。① 沃格林没有告诉我们，究竟是哪种人"内心的普罗米修斯冲动"。既然柏拉图的《普罗塔戈拉》让我们看到，普罗塔戈拉内心才有"普罗米修斯冲动"，普罗米修斯并不代表所有世人的"冲动"，我们就值得追究某类智识人的内心冲动。

　　将埃斯库罗斯笔下的普罗米修斯形象与现实中的智识人形象叠合在一起，并非柏拉图的发明。据古典学家考订，《鸟》中的主角佩斯特泰罗斯是个普罗塔戈拉分子，而且，《鸟》的剧情设计与《被缚的普罗米

---

* 作者简介：刘小枫(1956 -　)，男，重庆人，神学博士，中国人民大学文学院教授、博士生导师，主要从事古典学、政治哲学、中西古典思想等研究。

① 沃格林，《城邦的世界》，陈周旺译，南京：译林出版社，2009，页340 - 344。

修斯》在好些地方明显有影射关系。① 倘若如此，《鸟》在埃斯库罗斯的普罗米修斯三联剧与柏拉图的《普罗塔戈拉》之间就具有微妙的承前启后作用。

可是，普罗米修斯在《鸟》剧中的戏很少，仅仅在最后一场短暂现身。《鸟》的主角佩斯特泰罗斯是个普罗塔戈拉分子吗？从《云》来看，阿里斯托芬笔下的佩斯特泰罗斯的现实原型恐怕是苏格拉底。倘若如此，柏拉图在《普罗塔戈拉》中让苏格拉底与普罗塔戈拉面对面交锋，就增添了又一层含义。要理解这层含义，首先需要确认《鸟》中的佩斯特泰罗斯与普罗米修斯的关系。通过从头到尾绎读《鸟》，本稿尝试寻找这种关系。②

题　解

剧名"鸟"明显带有寓意，但寓意什么呢？人们经常说：我渴望像鸟儿一样自由飞翔——鸟儿寓意自由自在的生活。鸟儿未必能想到，但人应该想到，这种自由自在的生活也有危险：若遇到捕鸟者设下罗网，鸟儿的生活就会成为囚徒的生活。

在色诺芬的《回忆苏格拉底》中，我们可以读到一场有趣的对话：苏格拉底与快乐论者阿里斯提珀斯谈到自由。③ 阿里斯提珀斯说，他既不想统治别人，也不想被别人统治，只想"活得轻松自在、快乐安逸"（2.1.8－9）。显然，阿里斯提珀斯的"快乐安逸"生活理想的前提是非政治性的自由自在。

---

① Nan Dunbar 指出，《鸟》中明显可见与《被缚的普洛米修斯》有关的言辞有四处：1. 行 199－200 [《被缚》443－444]；2. 行 654 [《被缚》128]；3. 行 685－687 [《被缚》547－550]；4. 行 1197 [《被缚》269、710、916]。

② 文本依据杨宪益先生中译本（见王焕生编，《古希腊戏剧选》，北京：人民文学出版社，1998，页 423－486），凡有改动，依据 Aristophanes, *Birds*, Nan Dunbar 校勘并笺注，Oxford: Clarendon Press, 1997；参考 Benjamin Bickley Rogers, *Birds of Aristophanes*, The greek text revised with a translation into corresponding metres introduction and commentary, London, 1906/1930 重印。绎读指引依据施特劳斯，《阿里斯托芬与苏格拉底》，李小均译，北京：华夏出版社，2010（简称"施疏"，并随文注页码）。

③ 比较拙文《苏格拉底谈自由与辛劳》，刘小枫，《昭告幽微：古希腊诗文绎读》，北京：华夏出版社，2018。

针对阿里斯提珀斯的快乐论，苏格拉底提出了辛劳说：属人的生活免不了辛劳，而辛劳的生活要求人有自制力。换言之，自制力是属人的标志。苏格拉底提到耐性渴的自制力，似乎属人的自制力首先指克制身体的自然需要。不难设想，对人来说，这种需要最诱人、最难克制，但也最具有政治危险。苏格拉底举例说，"鹌鹑"和"鹧鸪"往往"由于情欲"而落入陷阱(2.1.4)。这种对比把不能克制身体需要的人当作鸟类，言下之意，阿里斯提珀斯向往的"自由"表明他不能克制自己的身体需要："鹌鹑"和"鹧鸪"因贪婪而受诱惑，实际上是受自己的自然需要的束缚，从而并非真正的自由自在。

苏格拉底进一步提到人需要培养耐寒和耐热的能力，这种自制力与耐性渴在性质上不同，即不是克制出自自然本能的需要，而是因政治环境的限制而克制自己的自然需要，明显具有政治含义——苏格拉底举例说，"人生当中，极大部分重大的实践、战争、农业和许多其他事情都在露天进行"(2.1.6)。可以看到，苏格拉底的这些说法揭示了阿里斯提珀斯的快乐论"自由"诉求的实质：拒绝承认人性天生具有政治性，追求返回人的纯粹自然性。

苏格拉底接下来说，人的心性大致来讲有两种基本类型：一类人有志趣"统治"，这类人显然需要培养自己耐寒和耐热的能力，更不用说耐性渴的自制力；另一类人对统治毫无兴趣，属于被统治的一类，因为他们不愿意克制自己的身体需要，追求随心所欲的自由。苏格拉底否定了阿里斯提珀斯所说的可能性，即既不想统治别人，也不想被别人统治，因为，人要么当统治者，要么当被统治者，没有中间道路可行。阿里斯提珀斯只想"活得轻松自在、快乐安逸"的想法，作为一种哲学观点不可能成立。

苏格拉底与阿里斯提珀斯的这场对话，为我们理解阿里斯托芬的《鸟》剧提供了历史语境。因为，如我们将会看到的那样，《鸟》剧明显是在批判性地嘲讽对统治有兴趣的人的自由愿望，而且，在阿里斯托芬笔下，这样的愿望与苏格拉底相关，从而使得苏格拉底与阿里斯提珀斯的对话所展现的问题变得复杂起来。

开　场

离弃雅典城邦

戏一开场，呈现在我们面前的舞台背景是一处荒山野岭，有两个人各携带一只鸟儿上场,我们不知道他们是谁。他们上场后的第一句话表明,是他们手中的鸟把他们引到这个莫名其妙的地方——不仅如此,他们各自手中的鸟儿指引的方向相反:一个(我们要到后来才知道他叫欧厄尔庇得斯)手中的鸟儿指引他一直往前,也就是一直朝无名—无政治的地方走;一个(我们同样要到后来才知道他叫佩斯特泰罗斯)手中的鸟儿则要引他往回走,回到哪里? 随后我们才看到,原来这两个人来自雅典城邦,往回走也就是回到政治的雅典城邦。手中鸟儿指向相反的方向,向我们暗示出,这两个雅典人虽然同路,但内心的企望可能完全相反——佩斯特泰罗斯的内心仍然是政治的,欧厄尔庇得斯内心的愿望是非政治的。

在鸟儿们的指引下,这两个家伙已经跑了很远的冤枉路,累得不行,"脚打了泡,磨掉了趾甲"(行8)。显然,他们已经远离了自己的城邦——雅典。我们可以问,脱离城邦是否最终仅仅是跑冤枉路呢? 佩斯特泰罗斯说,"如今我们身在何处,我也不知道"(行9),欧厄尔庇得斯甚至已经想转身回去,但又怕找不到"回祖国的路"(行10)。欧厄尔庇得斯用"祖国"代替"城邦"或"雅典",显得对自己面临的陌生处境非常惊惧。看来,离开雅典的建议最初是欧厄尔庇得斯提出来的,这意味着:是他最初产生了离开雅典的愿望。

西方人的名字与我们中国人的人名相似,大多带有某种意思,尤其是出生是在城市中的人的名字。欧厄尔庇得斯(Euelpides)这个名字的希腊语原文含义首先指雅典人;①此外,这个名字的字面含义是"安逸或安逸[舒服]之子"——这个戏剧名字表明,欧厄尔庇得斯是个天性追求安逸、舒服生活的人。佩斯特泰罗斯(Peisthetairos)这个名字的原文含义是"被同志说服的人"($Πεισθ$-$έταιρος$),也可以理解为"值得信赖的同志"。这个名字一看就是编造的,因为,希腊人的名字从来没有用一个动词的被动态词干来构成的情形。"同志"在古文中与"朋党"的意思相同,这个语词的含义关键在于志向,因此,佩斯特泰罗斯与欧厄尔庇得斯有一个根本差别:他是有志向的人。

什么志向呢? 这正是剧作要告诉我们的。

这时观众还不知道他们叫什么,要等到后来(行644-645)观众听见两位雅典人自报家门,才知道他们的名字——不过,这两个人上场后

① 修昔底德用$εὔελπις$来指称雅典人(《战争志》卷一70.3;卷六24.3)。

的这段对白已经展示，他们是雅典人。就传世的现存剧作来看，阿里斯托芬剧作的背景几乎无不是雅典城邦，唯有这部剧作的背景是荒山野岭。但开场出场的两位角色的雅典人身份表明，这部剧作与雅典仍然有关系。雅典是著名的城邦，城邦是政治共同体的生活所在地——荒山野岭寓意的是非政治性的地方，它甚至没有名称，尽管有树木和岩石。看来，这部剧作的真正背景，其实是政治的雅典城邦与无名—无政治的荒山野岭的关系。

为何这两个雅典人会跑到这处无名的荒山野岭来？

在无路可走的处境下，欧厄尔庇得斯开始有些后悔，他的两段长戏白交代了事情的原委，从而给观众提示出基本的戏剧情境。原来，他俩在雅典市场的鸟市上买了两只飞禽——喜鹊和乌鸦，因为买鸟的人说，这两只鸟儿可以帮他们"找到去见忒瑞斯的路"（行 16）。这个忒瑞斯（Tereus）在传说中是个国王，娶了雅典女子普罗克涅为妻，却又与妻妹有染，以至于忒瑞斯与妻子和妻妹都变成了鸟儿：忒瑞斯变成戴胜鸟（δϵᾶσον，这个名字曾出现在雅典阵亡者名单中），他妻子变成夜莺，妻妹则变成燕子。阿里斯托芬化用这个传说，以此作为这部剧作的基本戏剧情境。但我们看到，这个情境被诗人放在雅典城邦这个政治语境中：忒瑞斯是在雅典城邦的鸟市上变成鸟儿的。按欧厄尔庇得斯的说法，他俩为了"找到去见忒瑞斯的路"才来买鸟儿。因为，既然忒瑞斯已经变成鸟儿，要找到忒瑞斯，就得靠鸟儿引路。欧厄尔庇得斯没有料到，他买来的鸟儿把他带到了"什么路也没有的地方"（行 20－21）。

人可能变成鸟儿吗？当然不可能。谐剧与肃剧的差别之一在于，肃剧讲看起来非常真实的故事，否则没法触动观众的心；谐剧讲明显虚构的故事，否则不便于让人发笑。但虚构也可以呈现非常严肃的真实问题，这里的严肃问题就是：彻底自在的自由是否可能？这让今天的我们联想到，20 世纪的伯林推崇的所谓消极自由，是否就是像鸟儿一样的自由？忒瑞斯从雅典人变成鸟儿，无异于从政治人变成了非政治的自然动物。忒瑞斯为什么要变为鸟儿？也许可以推测，忒瑞斯希望普罗克涅姐妹都是他的妻子，与她们俩一起生活，而这对姐妹也愿意。可是，法律禁止这样的事情，为了摆脱法律对自由意愿的限制，他们仨干脆变成鸟儿，离开人世间——离开政治生活，去过自由自在的生活。

欧厄尔庇得斯接下来的第二段戏白证实了这一点，他对观众说：他和佩斯特泰罗斯眼下走投无路，自讨苦吃，是因为得了一种"病"（行

31），就是不愿再做城邦公民。不是城邦不让他们做公民，而是他们自己不愿意。雅典城邦并不让他们讨厌，它"既强大又富足，繁荣昌盛，谁都可以花钱付罚款和税费"（行 37-38）。但正因为雅典城邦诉讼太多，他们俩觉得不胜其烦，因此主动要离开雅典。可见，他们没有拒绝强大和富足，而是拒绝法律制度，他们逃离雅典，为的就是逃离礼法制度。

我们在这里看到礼法与自然的基本对立。据欧厄尔庇得斯说，他们俩想要"找到一个逍遥自在的地方好安身立业"，在"无所事事的城邦（πόλις απράγμον）"过日子（行 44-45）。可是，他们俩不知道哪儿有这样的城邦，于是想到已经变成鸟儿的忒瑞斯。忒瑞斯既然做了鸟儿，在天空中看到的地方多，也许他已经在空中见到过"这样的城邦"（行 47）。这里的搞笑之处在于：他们寻求的仍然是"城邦"。城邦是一种政制，没有法律等于没有政制，但既然是城邦，又必然有政制。于是，"无所事事的城邦"只能是一种没有法律的政制。不过，在欧厄尔庇得斯的两段戏白之间，佩斯特泰罗斯的两次插话都下意识地带上了城邦语汇："宙斯啊"（行 23、25）。至少对于佩斯特泰罗斯来说，能够逃离城邦不等于能逃离宙斯神族——看来，城邦与宙斯的关系问题，必然会带进两位雅典人所要找寻的新的城邦之中。

我们得到了戏剧情节的动力：离开政治城邦去到"无所事事的城邦"。我们应该问，什么欲望驱使他们离开政治城邦去找寻"无所事事的城邦"。我们可以设想，这类欲望有高的和低的两种：要么是求解脱，要么是寻求超升。欧厄尔庇得斯和佩斯特泰罗斯要找鸟人忒瑞斯打探"无所事事的城邦"，从而，忒瑞斯当初不愿再做人而愿做鸟儿的欲望，为我们了解这两位雅典人离开城邦的欲望提供了线索。

忒瑞斯从前是国王，日子一定过得非常安逸，因此，他变成鸟儿的欲望大概不会是想要解脱礼法的约束，而是想要超升。但忒瑞斯变成鸟儿，与他同自己妻妹的关系有关。换言之，即便对于国王来说，拥有一对姐妹为妻，也是太过分的事情。这样看来，我们又很难说，忒瑞斯变成鸟儿的欲望，不是想要解脱低的欲望。倘若如此，阿里斯托芬在这里呈现的是两个雅典人的欲望，会不会有这样的可能：欧厄尔庇得斯和佩斯特泰罗斯离开城邦的欲望不同，一个是低的解脱欲望，一个是高的超升欲望呢？无论如何，由于最初产生这种欲望的是欧厄尔庇得斯，他的欲望应该就是忒瑞斯当初的欲望。随着剧情的发展，我们会看到，驱使欧厄尔庇得斯产生离开城邦的欲望是什么，到时，这个问题自然会见分晓。

戏就从这里开始:两位雅典公民在雅典的鸟屋各买了一只鸟,在鸟的带领下,他们离开一个城邦去找寻另一个城邦,城邦没有变,改变的只是城邦的性质——改变城邦的性质,恰恰是西方近几百年的企望。

让我们记住,两位雅典人起初仅仅是要找一个在地上的没有政制的城邦,这是他们向往的最终归属地。要找到这样的地方,他们必须通过鸟-人忒瑞斯,但忒瑞斯已经变成鸟,要找到他就得靠鸟儿们引路,只有鸟儿才知道鸟儿住在哪里——这里的搞笑之处在于:通过鸟儿,他们最终要找的仍然是人,只不过他们听说,这个人已经在高空中生活。

可是,当他们离开雅典城邦——离开政制,马上就迷路了(行28):两位雅典公民在雅典城邦买的鸟儿把他们俩带到了荒山野岭,在荒山野岭中当然没有路。所谓"道路"是人间的东西,是政治生活的刻痕。两位雅典人虽然离开了雅典城邦,但他们已经习惯了路,没有路会让他们感到惊恐。他们不知道往哪里走,甚至不知道自己在哪儿。诗人通过展示这两位离开城邦的人不知何往告诉我们,人是城邦动物,离开了城邦,人就失去了自己的生存位置。欧厄尔庇得斯最先想要寻找自由自在的生活,但也是他最先想家——诗人让观众发笑的同时,带给观众非常严肃的思考。

打探愉快、柔软的城邦

佩斯特泰罗斯突然听见自己手中引路的乌鸦冲着上面叫唤,欧厄尔庇得斯说,他手中的喜鹊也在向上张嘴,"好像要告诉我什么事似的,那儿一定不会没有鸟"(行51–52)。看来,鸟儿正在给他们指引鸟儿的居处。两位雅典人设法让石头发出声音,以便与天上的鸟儿联络。随着石头发出的声音,出现了一只雎鸠,两位雅典人一阵惊慌,手中的鸟儿乘机飞走了。

这只雎鸠是戴胜鸟的仆人,换言之,他本来也是人。可见,两只从雅典鸟市上买来的鸟儿没有欺骗两位雅典人,终于把他们带到了戴胜鸟的家门口。雎鸠见到两位雅典人,手中还拿着鸟,以为是捕鸟的,怕得要死。欧厄尔庇得斯赶紧说,"我们不是人"(行63),而是"非洲来的鸟"(行65)——其实,两个雅典人也害怕。欧厄尔庇得斯说自己名叫"心惊肉跳",佩斯特泰罗斯则说自己名叫"屁滚尿流",是外国野鸡。总之,他们没有说老实话,不仅没说自己是雅典人,甚至没说自己是人。

鸟与人真的能够沟通吗?前面我们看到,两位雅典人一路上没有与鸟儿交谈,鸟儿指引戴胜的家时,要么叫唤,要么张嘴,没法与人有言语上的沟通。现在,两位雅典人能够与这只雎鸠交谈,是因为这只雎鸠本来也是人——雎鸠说,他原本是忒瑞斯家的仆人,忒瑞斯变成鸟的时候,也让他变成了鸟,继续伺候老爷。由此可见,两位雅典人与雎鸠的相遇,其实是与鸟人相遇。

欧厄尔庇得斯得知忒瑞斯变成鸟儿后仍然还可以有侍仆,显得很兴奋,佩斯特泰罗斯却对此没有在意。可见,欧厄尔庇得斯的确如他的名字所表明的,天性好享受安逸,他要雎鸠去叫自己的老爷来。雎鸠嘀咕着离开去叫老爷,随口带出城邦宗教的口头禅"宙斯在上"(行82)。看来,鸟儿生活的地方也在宙斯管辖之下。刚一离开,两个雅典人就相互斥骂对方是胆小鬼,因为两人刚才见到一只雎鸠真的从天空中飞来时,着实吓得不行,手中从雅典买来的鸟儿都放跑了。但佩斯特泰罗斯装着比欧厄尔庇得斯胆儿大,他又向宙斯发誓,自己手中的鸟儿不是他惊慌时飞走的,而是自己放掉的。我们看到,佩斯特泰罗斯念叨城邦宗教的口头禅比欧厄尔庇得斯多得多,似乎他更虔敬;欧厄尔庇得斯看出来,佩斯特泰罗斯装着不害怕的样子,但没有戳穿他,反而恭维他是好汉,可见他生性随和得多,并不较真。

戴胜从一堆丛林中出场(行92),由此我们得知,忒瑞斯变成鸟儿后,仍然居住在地上。他首先问"什么人找我"(行94)。他的样子让欧厄尔庇得斯感到十分好笑,因为他头上有三簇毛,肩上有一对翅膀,嘴也变成鸟型尖嘴,而欧厄尔庇得斯知道他的原形是人。戴胜自己倒若无其事,他说自己"原来也是人"(行97)。欧厄尔庇得斯仍然是与人在对话,或者说与鸟-人在对话。让人好笑的是,他们初次交谈的话题是鸟-人好笑的样子。戴胜告诉欧厄尔庇得斯,是肃剧诗人索福克勒斯在一出剧作中把他打扮成了这样。换言之,是肃剧把忒瑞斯变成了鸟,而非欧厄尔庇得斯先前以为的那样,是忒瑞斯在雅典鸟市上自己变成鸟儿的——诗人在这里借机嘲讽了自己的戏剧前辈。

随后,欧厄尔庇得斯就忒瑞斯现在的样子问了几个问题,这些问题表明,城邦人对鸟儿相当无知,分不清鸟与孔雀,也不知道冬天所有鸟儿都要脱毛换新羽(行103-105)。然后,忒瑞斯又问两位:"你们是什么?"(行107)忒瑞斯没有对他们的样子感到好笑,因为忒瑞斯熟悉人样。欧厄尔庇得斯回答说,"我们是人"——先前回答雎鸠时则说"我们不是人"。为什么会给出不同的回答?欧厄尔庇得斯见到了自己要找的鸟-人,自然得亮出自己的真实身份,以便讲明来意。

戴胜问欧厄尔庇得斯来自哪族人,欧厄尔庇得斯回答说,来自"拥有勇敢舰队的城邦"(行 107)。忒瑞斯并未因见到同胞而高兴,反倒显得警觉起来,担心两位是雅典来的陪审团成员。欧厄尔庇得斯赶紧申明,"我们乃另类公民,反陪审的公民"(行 108)。换言之,欧厄尔庇得斯是雅典民主政制的反对派,因为他反对陪审团制度。这下子戴胜鸟才放下心来,问起两人的来意。

应该注意到,两位雅典来人与鸟-人的交谈,一直是欧厄尔庇得斯与戴胜在对话,佩斯特泰罗斯没有参言。这表明,欧厄尔庇得斯对变成鸟儿要比佩斯特泰罗斯急切得多。欧厄尔庇得斯赶紧说明来意:他和自己的同志佩斯特泰罗斯与忒瑞斯一样,本来是人,忒瑞斯欠了债不想还,变成一只鸟后不再还债,飞来飞去。忒瑞斯是否真的因为欠了债不想还才变成鸟的,我们不清楚,但欧厄尔庇得斯说自己是出于这样的动机,不过我们随后会看到,他的真实动机并非如此。

欧厄尔庇得斯的这一说法,让我们想起阿里斯托芬的《云》剧中的老农斯特瑞普西阿得斯去找苏格拉底,为的就是讨得逃掉债务的办法。于是,我们可以联想:修习形而上学被类比为变成鸟-人。在《云》剧中,苏格拉底恰恰是坐在吊篮里从天空中下来的。在阿里斯托芬的心目中,苏格拉底的哲学与成为鸟儿的意愿有本质上的可比性:摆脱人世间的种种牵缠。

欧厄尔庇得斯对忒瑞斯说,既然你由人变成鸟,"有人的感受和鸟的感受"(行 119),希望忒瑞斯告诉他,哪里有一个舒服的城邦,而且像皮袄一样柔软(行 121)——"柔软"让我们想起《被缚的普罗米修斯》中的普罗米修斯的政制构想。欧厄尔庇得斯还特别强调,他要找的不是比雅典更伟大的城邦,而是比雅典更舒适的城邦。忒瑞斯以为,欧厄尔庇得斯指贵族制城邦,欧厄尔庇得斯告诉他,自己恶心贵族制城邦,与他恶心伟大的民主制城邦差不多。他要找的城邦首先要舒坦,随之他举了一个例子:舒适的城邦最大的麻烦是,一大早就有人来请他吃喜酒——贪睡和贪吃不可兼得,就是舒适的城邦的最大麻烦。由此可见,欧厄尔庇得斯要变成鸟儿的欲望,是身体的欲求——色诺芬笔下的苏格拉底所说的不能克制身体需要的自由。

忒瑞斯转过头来问在一旁一直没有说话的佩斯特泰罗斯,他喜欢怎样的城邦。佩斯特泰罗斯说,他喜欢的城邦与欧厄尔庇得斯喜欢的

一样,但从他举的例子来看,虽然的确同样看重身体的愉快,但类别有
所不同:欧厄尔庇得斯看中吃喝的快乐,佩斯特泰罗斯看重的不是贪
睡、贪吃,而是同性恋的性快乐。按柏拉图笔下的阿里斯托芬的看法,
同性恋的男人是有政治抱负的男人(施疏,页169)。这样看来,佩斯特
泰罗斯的天性就与欧厄尔庇得斯有根本差异:佩斯特泰罗斯在天性上
属于苏格拉底区分的两类人中的有统治意愿那类,欧厄尔庇得斯则是
没有统治意愿那类。由此我们看到,欧厄尔庇得斯与佩斯特泰罗斯离
开雅典的欲望很可能根本不同:一个出自低的欲望,一个出自高的统治
欲望。

戴胜对佩斯特泰罗斯说,他想找的城邦在红海边上倒有一个,但没
有对欧厄尔庇得斯说,他喜欢的城邦在哪里有,这是为什么呢?让我们
记住这个疑问。但欧厄尔庇得斯一听说在红海边上,马上就否决,因
为,他担心雅典的海船可以很快抵达,很难躲过雅典法庭的传票。忒瑞
斯推荐的第二个地方在弥利厄斯,欧厄尔庇得斯也否决,理由是,那个
城邦的名字与肃剧诗人墨兰提奥斯谐音,而他讨厌肃剧诗人。忒瑞斯
再推荐洛克里斯的奥彭提奥斯城邦,欧厄尔庇得斯还是否决了,理由是
这个城邦的名字与著名讼棍同名,而他讨厌老有人告状的生活处境。

从欧厄尔庇得斯的拒绝来看,他的确最讨厌妨碍日常享受的法律制
度。忒瑞斯推荐的这三处地方都在希腊,看来,在希腊不可能找到让欧
厄尔庇得斯满意的城邦。欧厄尔庇得斯转而问戴胜"这里鸟儿的生活
过得怎样"(行155)。忒瑞斯说很好,但他提到与鸟儿们一起生活的首
要好处是,没有经济问题——这是现代所追求的理想社会的基本前提。
自由主义与共产主义是20世纪的一对敌人,其实,两者的终极目的在某
些方面是一致的,尽管也有不一致的地方。如果对我们来说搞清楚何处
一致何处不一致非常重要,那么,这部剧作也许能提供一些线索。

欧厄尔庇得斯贪吃,他听见忒瑞斯这么说,就对与鸟儿一起生活产
生了兴趣。可见,他对忒瑞斯的新生活品质相当认同。何必舍近求远
呢? 也许就留在这里,与戴胜鸟以及他的同伴们一起生活,就很满足
了。倘若如此,我们可以说,这兴许是一个完美的自由主义社会。

这时,在一旁没有说话的佩斯特泰罗斯突然欣喜地说:"我想出了
一个专为鸟类的伟大计划,只要你们相信我,你们完全可以实现"(行
162)。忒瑞斯说,这里的鸟儿般的生活已经如此美好,佩斯特泰罗斯
却不满足于如此美好,但这里的鸟儿生活给了他启发:应该建立一个鸟

儿城邦(行172),也就是说,要使得鸟儿般的生活成为一种政治制度。

相比之下,欧厄尔庇得斯的欲望太低了,他仅仅羡慕不愁吃喝、没有法律约束的鸟儿生活,即便这里有法律,也是为了保护个体想象的自由。说到底,这是一个去政治化或非政治化的社会。与此不同,佩斯特泰罗斯却有政治抱负,这就是使得鸟儿式的生活方式成为一种政制。我们可能会觉得,这一"宏伟设想"(μέγα βούλευμα)简直是异想天开,但对佩斯特泰罗斯来说,只要人有精神,什么人间奇迹都可以创造出来,我们为什么不能在空中建造一个鸟儿国出来呢? 倘若实现了这一构想,人神关系不就会发生根本变化吗? 可见,佩斯特泰罗斯的欲望很高,他要提升鸟儿原初的生活方式:别再张着大嘴到处飞来飞去,而是找个地方定居下来(行165)。这岂不是要鸟儿改变自己天生的生活方式? 的确如此。如果我们可以类比的话,共产主义的设想就是如此:改变和提升世人的原初生活方式。

戴胜同意佩斯特泰罗斯说得有道理,他能够明白佩斯特泰罗斯的突发奇想的想法本身,因为他是人变来的,但他搞不明白,鸟儿怎样可以定居下来建立起一个城邦。佩斯特泰罗斯马上启发忒瑞斯,要他转动脑袋上下四方都瞧瞧,似乎要他开动脑筋——然后问他看到了什么。忒瑞斯说,自己看到了"云雾和长空"(行177)。佩斯特泰罗斯纠正他,这叫枢轴(polos)或"中枢",也就是诸天(celestial sphere)转动时所围绕的中心(行180-181)。如果鸟儿在这个中枢筑居,建立鸟儿城邦(polis),就下可"统治世人"、上可"毁灭天神"(行185-186)。由此可见,佩斯特泰罗斯为鸟儿城邦选中的城址,在诸神居住的上天与世人居住的大地之间。从而,所谓枢轴本身乃是自然天体。

看来,佩斯特泰罗斯原本是雅典城邦中的智识分子,他懂得自然天体的原理。建立鸟儿城邦的构想,实质上是以自然天体为基础,重建诸神与世人的关系。按照这种设想,传统的宗法政制就会被以自然天体为基础的政制所取代。看来,在人世间不可能实现人的彻底自由,除非人建立起一个超越所有具体城邦的普世政制,统治所有人和所有神。说到底,人的自由的限制不仅来自他人,也来自诸神。这里的关键在于自然天体,而非鸟儿——鸟儿们不过是这个自然天体中的定居者。如果我们回想西方近代政治思想的基本线索就可以发现,现代性构想正是一个类似的设想。这并非是说,阿里斯托芬很有预见性,毋宁说,西方现代性的根源,的确很可能就源于古希腊自然哲人的趣向。

　　戴胜还是不能明白,佩斯特泰罗斯的宏伟构想如何才能实现。佩斯特泰罗斯给他进一步讲解:未来的鸟儿城邦的城址,实际上就在"大气"中(行188),大气在天与地之间,这等于是在人与神之间——前面说的自然天体枢轴被更为具体的自然元素即大气取代了。人与神一向是相互依赖的:人要靠诸神保佑才能生存,诸神则要靠凡人供奉的祭肉的香气才能存活。一旦鸟儿们以混沌的大气为基础建立起城邦,正好可以控制地上飘上来的祭肉香气,于是,鸟儿就可以要求天上的诸神给鸟儿城邦进贡。如果天上的诸神不答应,鸟儿们就不让祭肉的香气通过大气飘到天上的诸神之家去,诸神就会统统饿死(行190-194)。

　　这里我们可以想到赫西俄德在《神谱》中讲到的分牛事件,佩斯特泰罗斯的宏伟构想要改变的恰恰是分牛事件的结果。换言之,佩斯特泰罗斯凭靠大气来制服诸神的构想,比普罗米修斯凭靠火来制服诸神的构想要大胆和有创意得多。尽管如此,佩斯特泰罗斯与普罗米修斯有一个共同点:他们都反对诸神——佩斯特泰罗斯首先是个无神论者,这种精神很可能来自普罗米修斯的"我憎恨所有的神"。

　　按佩斯特泰罗斯的构想,一旦鸟儿城邦得到进贡给诸神的东西,这个城邦就会过上神样的日子。然后,鸟儿们就可以代替诸神统治世人。佩斯特泰罗斯没有说"毁灭世人",仅仅说,如果世人不听话,鸟儿就不再吃蝗虫,蝗虫就会把地上的五谷吃光,世人会活活饿死。佩斯特泰罗斯建议鸟儿们对付诸神和世人的办法都是饿死,非常贪吃的欧厄尔庇得斯在一旁听了,一定很不是滋味。

　　不用说,这两位一同离开雅典的同志,在追求鸟儿生活方式的问题上已经出现分歧。起初是欧厄尔庇得斯向忒瑞斯"请教"(行112),并对忒瑞斯眼下的鸟儿生活方式感到满意(行161);现在变成了忒瑞斯向佩斯特泰罗斯请教,这意味着,佩斯特泰罗斯否定或超越了忒瑞斯和欧厄尔庇得斯心仪的鸟儿生活方式。佩斯特泰罗斯与忒瑞斯的这三十行对话,无异于佩斯特泰罗斯对忒瑞斯的启蒙教育。这种教育通常得用比喻:佩斯特泰罗斯把鸟儿城邦所在的大气比作波奥提亚(Boiotians),把诸神所在之地比作皮托的德尔菲(Delphi),把世人所在的地方比作雅典。如此比喻要启发忒瑞斯觉悟到:即便雅典实行了民主政制,但纵使人世间最完美的政制也有这样那样的缺陷。你忒瑞斯离开雅典,不就因为那儿的政制不完美么?如今,我佩斯特泰罗斯要实现彻底的制度创新,也就是要实现最完美的政制。既然人世间不可能有完美的政制,要成就完美的政制,就只能超离人世,以自然的大气为基础来建立完美的城邦。佩斯特泰罗斯让忒瑞斯看到,实现完美的政制的地方,更为接近传统的诸神所在地。

佩斯特泰罗斯本来是要通过鸟儿寻找一个城邦,现在变成了主动为鸟儿创建一个城邦,事情的性质发生了根本变化。佩斯特泰罗斯说服了忒瑞斯,但他是否也说服了欧厄尔庇得斯呢?

佩斯特泰罗斯在说服忒瑞斯时,欧厄尔庇得斯在一旁一直没有插话,看来他对这个计划不太热心,起码不是他自己心目中本来企求的城邦。当然,佩斯特泰罗斯的鸟儿城邦设想,也并非一开始就有。他与欧厄尔庇得斯跑来找忒瑞斯,仅仅是为了追求自由的生活,摆脱政治制度的约束——或者说出于一种自由主义的心愿。佩斯特泰罗斯产生鸟儿城邦的构想,如我们看到的那样,完全是一时突发奇想。为什么欧厄尔庇得斯没有突发这样的奇想? 说到底,欧厄尔庇得斯与佩斯特泰罗斯的天性不同,欧厄尔庇得斯对政治或统治没兴趣,欧厄尔庇得斯则天生对政治或统治有兴趣。这让我们想起色诺芬笔下的苏格拉底对阿里斯提珀斯说的:一个人要么做统治者,要么做被统治者。这两位雅典人一起逃离雅典追求自由自在的生活,但他们两人的不同天性恰好反讽地表明,自由是个悖论:欧厄尔庇得斯要逃离被统治,佩斯特泰罗斯仍然要寻求统治。

我们看到一个问题:在鸟儿城邦中,这种统治与被统治的关系可以被消解掉吗?

鸟-人忒瑞斯听了佩斯特泰罗斯的倡议,觉得奇妙无比(行 195),他无比兴奋,希望佩斯特泰罗斯帮忙建立鸟儿城邦,但还得说服全体鸟儿们。忒瑞斯告诉佩斯特泰罗斯,虽然鸟儿们"从前不懂人话"(行198),但自从我忒瑞斯变成鸟儿后,与鸟儿们一起生活,已经教会鸟儿们说人话——当然是希腊语,这意味着鸟儿们已经下降到类似雅典这样的地方。

不仅如此,忒瑞斯要求佩斯特泰罗斯说服鸟儿们——说服是雅典民主政治的特色,佩斯特泰罗斯显得愿意去说服鸟儿,只要忒瑞斯能把全体鸟儿们召集起来开大会。可见,佩斯特泰罗斯在雅典时,就有政治说服的热情或能力。看到舞台上的佩斯特泰罗斯,也许雅典观众会联想到普罗塔戈拉,因为,伯利克勒斯曾委托他为雅典殖民地图里奥设计政制蓝图;在柏拉图笔下,普罗塔戈拉显得对自己的政治说服能力非常自信:有能力说服所有希腊城邦。

忒瑞斯说,召集所有鸟儿们来开会太容易了,因为他可以同自己的妻子夜莺一起用歌唱召集鸟儿,鸟儿们听见歌声"立刻就会飞奔而来"(行205)。佩斯特泰罗斯仅仅提出了一个空想,是忒瑞斯让他的空想有了变为现实的可能性。召开鸟儿大会促使雅典观众想起自己经常召开的公民大会;不过,召集全体鸟儿主要得靠忒瑞斯的妻子夜莺的歌声,这又让我们想起阿里斯托芬在《公民大会妇女》中所展现的情形:雅典民主政治已经发展到女人主持公民大会。

进场 鸟儿敌视雅典来人

戴胜退入自己的鸟窝,用甜美婉转的鸣唱唤醒自己的夜莺:

> 别睡啦,我的妻哦,满腹神圣哀伤的妻。(行209-210)

戴胜唤醒妻子要她用自己的嗓子唱歌,但要她唱的是悼歌,哀悼他俩的孩子伊提斯(Itys)。戴胜希望妻子歌声的颤音能感动奥林珀斯山上的诸神,引发诸神"用歌声回应"(行220)。就文辞而言,这段独咏非常凄美。从性质上讲,忒瑞斯的这段唤醒妻子的鸣唱充满了人世间的亲情和爱恋。与此同时,这种凡俗的情感又与诸神的存在紧密联系在一起。人世间的亲情和爱恋把忒瑞斯和自己的妻子及其孩子维系在一起,诸神的歌唱回应人间妻子的歌声,似乎神性的美的光辉来自于人世间凡俗的亲情和爱恋;反过来看,人世间凡俗的亲情和爱恋又倒映出神性的美的辉光。

这意味着什么? 看来,忒瑞斯当初携妻变成鸟儿时的欲望,仅仅是过分贪恋人世间的亲情和爱恋。现在,忒瑞斯要让自己的妻子起身去召集全体鸟儿开会,着手实现鸟儿城邦计划,心中不由自主地升起对地上城邦的人间亲情的眷念和不舍。由此我们看到,忒瑞斯当初变成鸟儿的欲望,仅仅是由于过分的自然欲望与礼法的抵触。相比之下,欧厄尔庇得斯和佩斯特泰罗斯离开地上的城邦时,就没有这样的情感,因为,他们离开雅典时,我们没有看到这样的哀婉。可见欧厄尔庇得斯和佩斯特泰罗斯的天性与忒瑞斯不同。可以设想,他们八成也有自己的妻子或孩子,离弃雅典当然也就离弃了自己的妻子和孩子,但妻子和孩子对他们来说不是自己心爱的人,或者说,他们压根儿就没有自己心爱的人。

由此看来,就动机而言,忒瑞斯离开雅典变成鸟儿仅仅是为了逃避礼法,与欧厄尔庇得斯和佩斯特泰罗斯追求自由不同。自由精神说到底是彻底的自我中心的,尽管欧厄尔庇得斯和佩斯特泰罗斯的自由精神有品质上的重大差异(我们会想起李叔同出家的例子)。不仅如此,佩斯特泰罗斯的倡议着重提到制服诸神,忒瑞斯刚刚才接受了他的倡议,现在转头就歌唱诸神,可见他并没有把握佩斯特泰罗斯的倡议的要害,因为,他并不明白礼法与诸神的关系。

戴胜的妻子夜莺用婉转的歌声召唤鸟儿们,但观众和我们实际上并没有听见,只有剧中角色听见。欧厄尔庇得斯对夜莺的鸣唱感到很舒服,禁不住称赞起来,说夜莺的歌唱"把整个林子都叫甜了"(行223);佩斯特泰罗斯对夜莺的歌唱无动于衷,他要欧厄尔庇得斯赶紧闭嘴,生怕自己的宏伟构想流产。

诗人让我们再次看到,佩斯特泰罗斯与欧厄尔庇得斯的天性差异实在太大,随着剧情的发展,两位雅典人的差异越来越明显,我们必须关注这一点。

夜莺鸣唱过后,戴胜开始呼唤各类鸟儿,说这儿"来了个极聪明的老先生,诡计多端,他有个新鲜主意,想做一件新鲜事",要鸟儿们一起来"讨论"(行 255 - 258)。佩斯特泰罗斯和欧厄尔庇得斯与忒瑞斯一起引颈张望了半天,忒瑞斯首先看到飞来一只鸟儿;然后,他们看到鸟儿们果真听见召唤前来,先是一只只地到,后来是一群一群地来(行294)。看来,鸟儿们的确生活得散乱,缺乏组织,相互之间也没什么联系。不过,在这里,各类鸟儿们毕竟能听忒瑞斯的呼唤,又表明它们多少已有了某种组织联系,这种联系以歌唱为媒介:鸟儿们聚集在一起后,便组成了剧中的歌队。

与肃剧一样,谐剧也有合唱歌队,歌队也是戏剧角色。在《鸟》中,歌队由全体鸟儿们组成。不仅如此,鸟儿们是来开会讨论政制提案的,因此,歌队扮演的角色是全体公民。两位雅典人对鸟儿非常缺乏认识,好些鸟儿都认不出来——戴胜热情地为他们俩介绍:这是沼鸟,那是锦鸡,这是波斯鸟,第四只鸟叫"饭桶鸟"——听起来像是在骂欧厄尔庇得斯。起初,两个雅典人还对各色鸟儿们感到好奇,当见到鸟儿一大群一大群地到来,两位雅典人却怕了,欧厄尔庇得斯嚷嚷起来:"是不是要啄我们呀？它们都张着嘴瞪着我们"(行309)。为什么两个雅典人会突然害怕起来,接下来我们就会明白。

鸟儿们聚齐后,歌队长问戴胜有什么"好消息"(行315)。戴胜先说,"来了两位挺有办法的人"(行316)。鸟儿队长一听来的是人,马上紧张起来:世人是鸟类的天敌啊！戴胜脑子还没有转过弯来,他毕竟本来是人。既然自己可以成为鸟儿们的朋友,他想当然地以为,两位雅典来人自然也可以成为鸟儿们的朋友,因此他又说:"从人世来了两个老头儿,他们带来了一个伟大计划"(行320-321)。鸟儿队长一听,大惊失色,马上惊呼戴胜是"罪人"。

戴胜感到奇怪,他说人家"希望和我们生活在一起"啊(行323)。歌队长根本不听戴胜的解释,惊呼上当受骗,指责戴胜是叛徒:鸟类接纳了他、爱他(行329),他竟然"犯了古老的法令(θεσμούς),破坏了鸟类的誓言,让我们上当,把我们出卖给可恶的世人"(行331-335)。

为什么歌队长如此愤怒？忒瑞斯破坏了差序格局,使得鸟与人的类别区分不再有效。虽然忒瑞斯成了鸟,他仍不懂得鸟儿们信守的神圣律法:不得与世人交往,因为世人是鸟类的"永恒死敌"(行335)。透过歌队长的说法,我们可以体会到什么呢？雅典的普通公民们实际上很质朴,也很虔敬;相反,想要变成鸟儿的人是公民中的异类,他们往往无视"古老的法令"。

歌队长号召鸟儿们将两个雅典人处以极刑,然后再考虑怎么收拾忒瑞斯。鸟儿队长对两个雅典人的类似本能的反应,可以理解为虔敬的公民们对好高骛远的异类公民的政治态度。现在我们明白,为何佩斯特泰罗斯和欧厄尔庇得斯早就开始感到害怕。

佩斯特泰罗斯首先惊呼"我们的死期到了"(行338),但他并没有显得好像怕死的样子——欧厄尔庇得斯却埋怨起佩斯特泰罗斯来:"为什么你要把我带来这里？"(行339)现在我们知道,离开雅典的动议原来是佩斯特泰罗斯最早提出的,欧厄尔庇得斯不过是他所需要的"搭档"(行340)。从根本上说,离开雅典城邦是一种政治行动,如此行动只有具有政治天赋的佩斯特泰罗斯才想得出来。

可以说,佩斯特泰罗斯的脑袋不仅异想天开,毋宁说,他的脑子首先是不安分——在阿里斯托芬笔下,这是哲人的天性。欧厄尔庇得斯不仅天性懒散不好动,而且没脑子。可以设想,佩斯特泰罗斯劝服的第一人并非忒瑞斯,而是欧厄尔庇得斯。欧厄尔庇得斯跟随佩斯特泰罗斯的政治行动,要么因为他不动脑筋,稀里糊涂听从了佩斯特泰罗斯的劝说,要么因为懒得抵制佩斯特泰罗斯的纠缠,再不然就是佩斯特泰罗斯用好吃懒做的生活远景骗了他——无论如何,欧厄尔庇得斯现在非常害怕,想要"大哭一场"(行341)。

进场戏以鸟儿们(歌队)向两位人世来的代表发起进攻落下帷幕,它们要啄掉世人的眼珠,让世人哭都哭不成。鸟儿们与忒瑞斯对待两位雅典人的态度判然有别,这表明忒瑞斯毕竟不是原生的鸟儿,而是人而鸟的鸟人,是世人与鸟类敌对性的调和者。

第一戏段　雅典叛徒

鸟儿们冲向两个雅典人,欧厄尔庇得斯惊慌失措,想要逃跑,佩斯特泰罗斯却显得临危不乱,他冷静地对欧厄尔庇得斯说:"你就不能不逃吗?"——欧厄尔庇得斯怕死,佩斯特泰罗斯却不怕,为什么呢? 因为他有政治抱负,由此我们再次看到他与欧厄尔庇得斯在天性上的差异:佩斯特泰罗斯甚至劝欧厄尔庇得斯"拿起砂锅"(行337)或"烤肉的叉"(行360)战斗。欧厄尔庇得斯称赞佩斯特泰罗斯在战略上"比尼基阿斯还要高明"——尼基阿斯是伯罗奔半岛战争时期的著名将领,可见佩斯特泰罗斯本来是雅典的政治家。按这个比喻,我们也就可以恰当地把鸟儿们理解为斯巴达邦民。

在这紧急关头,忒瑞斯赶紧出面劝阻鸟儿们,说这两个雅典人是"无辜的"(行378)——歌队长搞不懂,对敌人哪有怜悯的道理。戴胜则说,世人是鸟儿们的天敌固然不错,但应该区分不同的人,比如这两个雅典人是来给鸟儿们"出好主意的",他们为鸟儿们献出自己的思想,因此是鸟儿们的朋友。这是忒瑞斯说服鸟儿队长的第一个理由,但鸟儿队长没有接受。忒瑞斯又反过来说,就算他们是敌人吧,"但是,聪明人(oἱ σοφοί)能从敌人学到许多东西",尤其是"向朋友学不到的东西"(行377)。比如,有敌人而非朋友才让人学会建造高大的城墙,制造巨大的战舰——敌人的存在才让我们懂得提高警惕,懂得备战的必要性。搞笑的是,凭靠这一条理由,忒瑞斯说服鸟儿队长对天敌放松了警惕。

第一条理由比较思辨,需要懂得区分,鸟儿队长理解不了;第二条理由则非常简单,但也非常政治:聪明意味着能从自己的天敌那里学到东西。不仅如此,第二条理由劝说鸟儿们向人学习,这无异于在引导鸟儿们向更高的智慧看齐。我们还可以注意到,这条理由很短,仅六行台词(行375–380),相比之下,佩斯特泰罗斯起初说服忒瑞斯时显得要艰难得多,他花费了足足三十行口舌(行162–193)。我们感觉到,说服朋友要比说服敌人更为困难。毕竟,忒瑞斯不是世人的尘世敌人,而就忒瑞斯本性是人而言,他也是鸟儿们的敌人。或者也可以说,要说服理智上层次相若的人比说服理智上比自己低一些的人要更为困难。

鸟儿队长现在愿意听听雅典人的建议,佩斯特泰罗斯感觉到鸟儿队长的敌对态度有所转变,打算撤退,但发现鸟儿军队还没撤,又认为不能放松警惕——我们记得,刚才忒瑞斯说服鸟儿队长时的第二个理由恰恰说的是:聪明人从敌人的存在学会了保持警惕。我们可以说,佩斯特泰罗斯就是“聪明人”——在柏拉图笔下,我们看到这个语词等于智术师。相比之下,欧厄尔庇得斯就缺乏这种政治警觉,不仅如此,他仍然沉浸在惊惧之中,甚至担心自己会死无葬身之地。佩斯特泰罗斯坦然地说,如果牺牲了,会“埋在烈士公墓,用公费埋葬”(行395)。这话表明,佩斯特泰罗斯离开雅典是自觉的、有抱负的行动,为的是实践新的政制构想,而欧厄尔庇得斯离开雅典的动机却并非如此。

考虑到阿里斯托芬剧作的基本背景是伯罗奔半岛战争,我们也许可以这样来理解:在阿里斯托芬看来,雅典城邦挑起的伯罗奔半岛战争,是一场高度意识形态化的战争。换言之,雅典城邦发动这场战争,为的不是经济利益,而是为了实现新的政制理想。不妨对比修昔底德《战争志》卷二开始不久的伯利克勒斯著名的“雅典阵亡将士葬礼演说”。

鸟儿队长让鸟儿部队休息,然后要忒瑞斯说说,两位雅典人“是干什么的,从哪儿来,想干什么”(行404–405)——忒瑞斯虽然让鸟儿们对雅典来人放松了警惕,但仍然没有说服鸟儿们相信雅典来人是出于善意。现在我们看到,忒瑞斯需要更进一步说服鸟儿们:虽然两次说服在形式上都是问与答,但与第一次说服不同,第二次说服的问与答不是对抗性的,而是请教。对鸟儿队长提出的“他们是什么人,来自何方”这一问题,忒瑞斯的回答是,他们“来自智慧的希腊”(ξείνω σοφῆς ἀφ’ Ἑλλάδος,行409)。说整个希腊以“智慧”闻名,无异于说整个希腊以哲学闻名。

鸟儿队长进一步问,"什么机运"把他们带到"我们鸟儿这里"来,忒瑞斯的回答是,"对鸟儿生活的爱欲"(ἔρως βίου διαίτης ,行 411 - 412)。前一个回答的关键词是"智慧",后一个回答的关键词是"爱欲"——对自由自在的鸟儿生活方式的爱欲。对自由自在的生活方式的追求,似乎是希腊智慧的品质。如今的我们值得想想,这是否就是希腊智慧与其他地方比如埃及或中国的智慧的差异所在? 在埃及人或中国人中间,是否有这样的哲人?

鸟儿队长对希腊人的如此爱欲感到不可思议,疑心两位雅典人的想法会不会有什么贪图利益的考虑。可以看到,鸟儿们的考虑非常实际,或者说境界很低,他们觉得这两个雅典人要么"疯了"(行 426),要么"脑筋糊涂"(行 428)。忒瑞斯告诉鸟儿队长,人家既非"疯了"也非"脑筋糊涂",而是"十分狡猾,像只狐狸,整个人就是主意、办法、诡计的化身"(行 429 - 430)——忒瑞斯的说法让我们想起奥德修斯或者普罗米修斯。在常人眼里,哲人就是疯子、脑筋怪,在高人眼里,哲人才是智慧头脑。

忒瑞斯的第二次劝说让鸟儿们看到,以智慧为特征或者说以哲学为特征的雅典来人比鸟儿们的境界高,因此,鸟儿队长对忒瑞斯说,"你把我们说得都要飞起来啦"(行 431)——所谓境界高,意味着超越世人生活,相比之下,鸟儿们过的反倒像是世人的生活。我们知道,雅典与斯巴达的区别首先在于:雅典以有哲学闻名,并为此感到自豪,斯巴达没有哲学,被视为野蛮。换言之,斯巴达的生活境界不如雅典高,这是雅典攻打斯巴达的理由。如果我们把鸟儿们看做常人,把雅典来人看作哲人,就可以理解鸟儿在这里的双重含义:一方面,鸟儿表征的是依从礼法或自然法则生活的常人,另一方面,鸟儿生活又象征高出常人的生活方式,也就是哲人所追求的自由生活方式。显然,这两个方面不仅有差异,而且是相互矛盾的。随着剧情的发展,我们会看到这一矛盾的解决——就此而言,我们可以说,这部剧作的情节推动力就在这一矛盾之中。

忒瑞斯见鸟儿队长已经被说服,非常高兴,赶紧解除了鸟儿们的武装,然后转身要佩斯特泰罗斯直接对鸟儿们说说自己的想法。

佩斯特泰罗斯仍然不放心,害怕被鸟儿们挖掉眼睛。鸟儿队长一再表示,绝不会伤害雅典来人,甚至发誓,而且用的是雅典民主政制的语汇:"让所有评判的票和所有观众都让我们赢"(行 445)。在忒瑞斯的调和下,鸟儿队长与佩斯特泰罗斯之间消除了敌对状态。这里我们没有见到欧厄尔庇得斯插话,这再次证实,他的境界与佩斯特泰罗斯的境界非常不同。同样值得注意的是,最后是忒瑞斯代替鸟儿队长向全体鸟儿下达了解除战争状态的命令。忒瑞斯从前是国王,现在他似乎暂时代理鸟王的职责,因为政制即将发生变革。

哲人佩斯特泰罗斯要创建鸟儿城邦,自然得有邦民,鸟儿们将是未来的鸟儿城邦的邦民。但哲人很难直接掌握常人,因为常人对哲人有天然的敌意,需要借助政治生活中的强人。我们看到,忒瑞斯成功地帮佩斯特泰罗斯驯服了常人。

第二戏段　对鸟儿启蒙

这一戏段一开场,全体鸟儿首先表示,虽然他们对自己的天敌仍然心存疑虑,经忒瑞斯说服,他们愿意听听两位雅典人关于何为好生活的主意。鸟儿们的天性非常实际,他们说,如果鸟儿们从佩斯特泰罗斯的计划获得"什么利益",鸟儿们都会共同分享(行459)。鸟儿们看重实际利益,而且共同体感觉非常强。

佩斯特泰罗斯兴奋不已,叫欧厄尔庇得斯拿花冠,要打扮自己,还要他拿水来洗手。欧厄尔庇得斯也兴奋起来,以为要赴宴,会有好吃的。佩斯特泰罗斯说没他的事,自己现在要对全体鸟儿们做一次让"它们惊心动魄"(行466)的演说。欧厄尔庇得斯满脑子最低的欲望,为口感而兴奋,佩斯特泰罗斯满脑子政制构想,为实现自己的政制理想而兴奋。

佩斯特泰罗斯转身就对全体鸟儿们说,"我多么为你们伤心啊,你们曾经是王……"(行467)——这话让鸟儿们大为惊讶。佩斯特泰罗斯肯定地说,是的,你们鸟儿是"万物之王",不仅是我和欧厄尔庇得斯的王,甚至是宙斯的王,因为,你们比宙斯的爸爸乃至大地该亚还年长(行468)。

在赫西俄德的《神谱》中,太初仅仅是混沌,混沌生出大地,大地生出天空。既然混沌般的虚空比大地和上天都古老,在混沌的虚空中飞来飞去的鸟儿自然也比天地年长。既然宙斯和他的爸爸是神,说鸟儿们是比这些老神更年长的王,无异于说鸟儿们是最为年长的王。这里隐含的论点是:诸神住在天上,世人住在地上,说鸟儿们是最初的神,等于说鸟儿们比诸神和世人都要年长。"王"在这里被理解为辈分最高，这种说法的含义非常贵族化。佩斯特泰罗斯重摆神谱的依据是"古老"，而非现在居住的位置高低和统治格局。换言之，佩斯特泰罗斯颠覆既存的诸神统治秩序凭靠的理据首先是"古老"。

鸟儿队长惊呼，"宙斯在上，这可从来没听说过哦"（行 470）——佩斯特泰罗斯马上开导说，你们鸟儿们不知道自己的伟大身世并不奇怪，因为你们的日子过得太悠哉闲哉，"不学习（ἀμαϑής），没读过《伊索寓言》"（行 471）。佩斯特泰罗斯说，伊索早就说过：云雀是头一个生出来的，比大地还早。这一说法为鸟儿是最早的王提供了文本证据，欧厄尔庇得斯随之唱和。奇妙的是，当佩斯特泰罗斯对鸟儿们说，王位应该属于鸟儿时，欧厄尔庇得斯指着佩斯特泰罗斯说，他也应该变成一只尖嘴鸟儿，否则宙斯不会轻易让出王位（行 479）。佩斯特泰罗斯对鸟儿们启蒙的同时，欧厄尔庇得斯也开始有所觉悟，认识到佩斯特泰罗斯的政治野心。

接下来，佩斯特泰罗斯又进一步从历史角度论证鸟儿们是最年长的王：在古代，统治世人的不是天神，而是鸟（行 480）——他举了三个民族的例子。第一个例子是波斯人，统治波斯人的是公鸡，因此公鸡也被叫做波斯鸟，它比波斯人的圣王大流士还年长；公鸡一唱，所有工匠都起身干活。欧厄尔庇得斯非常敏感，以为佩斯特泰罗斯这样说是在讽刺自己好吃懒做，赶紧为自己贪吃贪睡辩护，说公鸡一唱，起身干活的不仅有工匠，也有打劫的强盗。第二个例子是希腊人——统治希腊的是鸢鹰，所以，后来的希腊人都崇拜鸢鹰。对佩斯特泰罗斯的说法，欧厄尔庇得斯调侃了一通。佩斯特泰罗斯举的第三个例子是统治埃及和腓尼基的鹁鸪鸟，说它一叫唤，所有腓尼基农人都下地干活。为什么佩斯特泰罗斯以这三个民族为例？也许，在雅典人眼中，这三个民族是一流的民族——我们不妨想想，在如今的西方人眼中，谁是一流民族。

对比这三个例子，我们值得注意，佩斯特泰罗斯在说到波斯和埃及的鸟王时，都仅仅说鸟儿支配人的劳作，唯有在说到希腊的鸟王时涉及统治城邦。在举完三个例子后，佩斯特泰罗斯再次回到希腊的例子，说在希腊的所有城邦，即便是人当王统治，鸟儿始终坐在国王们的权杖上，分享国王们得到的贡品（行 509），这表明佩斯特泰罗斯重点强调鸟儿王应该施行统治，即民主政制。希腊人的例子在中间——佩斯特泰罗斯的说法似乎暗示，凡一流民族最早的统治者都是鸟儿，然后才转让给人来做国王。反过来理解,凡统治得好的民族,最初的王都是鸟儿。对佩斯特泰罗斯的说法,欧厄尔庇得斯继续报以嘲讽:鸟儿王也收受贿赂。读到这里,笔者难免联想到诸多现代政治思想家关于民主政治的种种论证。

佩斯特泰罗斯最后转向神学论证,事实上,他的说法最难解释宙斯神族:难道宙斯神族最初的统治者也是鸟儿? 佩斯特泰罗斯首先说,"当今世界的统治者宙斯的头上站着一只鹰(eagle)",宙斯以此作为"王权的标志"(行515)。言下之意,鹰是宙斯神族最初的王。此外,宙斯的女儿雅典娜伺候一只猫头鹰,阿波罗伺候一只隼。天上的诸神要员为何也得有鸟儿护佑呢? 提出疑问的不是鸟儿们,而是欧厄尔庇得斯。佩斯特泰罗斯解释说:这是因为鸟儿可以比宙斯、雅典娜、阿波罗等诸神要员先吃到祭肉——我们看到,佩斯特泰罗斯的说法更改了赫西俄德在《神谱》中的说法。

佩斯特泰罗斯的整个论述线索是:首先提出鸟儿是最古老的王,然后列举人世中的强大列国,指出在这些一流民族那里,鸟儿是最初的王,揭示人间的王权其实是鸟儿让渡的,最后提到宙斯神族,揭示奥林珀斯诸神的王权也是鸟儿让渡的。最后,佩斯特泰罗斯采用我们熟悉的古今对比手法对鸟儿们启蒙:古时候,鸟儿们的权位最高,世人"并不向诸神发誓,都是向鸟儿们赌咒"。但现在呢,鸟儿们竟然屈居世人之下,被人当作"奴隶、傻瓜、浑虫,还拿石头打,像打疯子"(行524-525),用网罗逮,用牢笼关,捉到手后"一批一批倒卖",有人要买的时候在你们身上随便乱摸,看你们身上的肉是否好吃,即便要吃,还得抹油,"做个又油又鲜的卤子滚烫地浇在上面,好像你们是臭肉似的"(行538)。对我们来说,诸如此类的说法真还不陌生,现代西方的民主启蒙教育就是如此。

全体鸟儿们听后果然无比悲痛,痛惜自己的父辈"丢掉了光荣祖先的权力和地位"(行541),对雅典来人油然而生感恩戴德之情,决意把自己的全家老小都托付给雅典来人。鸟儿队长不愧为队长,它马上问佩斯特泰罗斯:"我们该怎么办? 请你指教我们"(行547),如何才能"全部恢复主权"(行549)。现在鸟儿们渴望被启蒙,佩斯特泰罗斯成了鸟儿们仰慕的教师。

佩斯特泰罗斯顺势提出自己的构想:首先,在空中建立鸟儿城邦,砌起一圈"高大的城墙,围住整个大气和天地之间的广阔空间"(行

551－552）。鸟儿城邦建成后，马上"向宙斯要回王权"（行554）。若宙斯不干，"就对他进行圣战"（行556），截断宙斯神国与人间的通道，不准诸神到地上的城邦去乱串。同时晓谕世人，"鸟儿们现在是王"（行562）。世人先向鸟儿们献祭，然后才轮到天上的诸神。

佩斯特泰罗斯对鸟儿们的演说变成了政治召唤：为世人塑造一族新神（鸟儿神族）。世人希望从宙斯神族那里得到的东西，都可以从鸟儿们那里得到。对于熟悉荷马和赫西俄德的雅典观众来说，他们很清楚，佩斯特泰罗斯的建议彻底更改了传统的神谱和神与人的秩序。由此看来，佩斯特泰罗斯的想法与普罗米修斯的意愿完全一致：要世人不再敬拜奥林珀斯山上的神族。这里出现的阿佛洛狄忒、赫耳墨斯、赫拉克勒斯，都是赫西俄德和埃斯库罗斯笔下的普罗米修斯神话中出现过的形象。

佩斯特泰罗斯给鸟儿们的建议，看起来是在重复先前给忒瑞斯的建议，其实不然。首先，佩斯特泰罗斯的说法简短了许多，但并非仅仅是形式上的简洁。佩斯特泰罗斯说服忒瑞斯时，仅仅建议鸟儿们别再飞来飞去，得在天地之间的大气中定居下来，以便统治所有世人，摧毁诸神。但佩斯特泰罗斯没有给这个建议提供正当性论证，或者说没有论证这一建议的正义性质。这意味着，对忒瑞斯来说，佩斯特泰罗斯的倡议不言而喻地是正义的（行316）。但对鸟儿们来说，如此正义并非不言而喻。因此，佩斯特泰罗斯需要为鸟儿们统治天地提供正当性论证。显然，鸟儿们的智商比忒瑞斯低，我们可以想到一个常识：智商低反倒更正义、更虔诚。

第二，佩斯特泰罗斯没有再提饿死诸神的事情。换言之，佩斯特泰罗斯对忒瑞斯陈述建议时，对诸神的立场要狠得多，无异于把诸神置于死地而后快。佩斯特泰罗斯在对全体鸟儿们提建议时，对诸神采取了较为温和的立场，这是为什么呢？一种解释是：如果建议鸟儿们饿死诸神，等于建议世人不再对诸神献祭，这样一来，人间习俗会发生太大变化。还可以设想：既然要恢复鸟儿们的最初王权，既然鸟儿们甚至是诸神的祖先，就应该得到诸神从世人那里得到的献祭，如果建议饿死诸神，恢复鸟儿们的王权就是虚假的，从而暴露出雅典来人的真实想法：灭掉所有的神，自己当王。忒瑞斯毕竟与鸟儿们在本性上不同，他是鸟-人，而非生而为鸟的鸟。换言之，他本来是王者，但他因自己的天性更愿意做平民（亦即鸟）。历史上后来真还有这样的王者，比如，查理大帝的儿子虔敬者路易。由此可见,世界上什么事情都会发生,因为,什么天性的人都有。

佩斯特泰罗斯要建立的鸟儿城邦所针对的政治敌人明显是宙斯神族,欧厄尔庇得斯听了欣喜无比,这不难理解,因为,宙斯神族与宗法联系在一起。推翻宙斯神族的治权,对欧厄尔庇得斯企望的自由生活来说当然非常重要。如今我们看到,自由主义政治观念的重要内容之一,就是彻底遗弃传统宗法。

与欧厄尔庇得斯不同,鸟儿听了仍然有疑虑。鸟儿队长怯生生地问:"世人会把我们当作神而不是喜鹊吗? 咱们会飞,而且长着翅膀"(行571)。这个问题无异于问,咱鸟儿们究竟是不是神。从哲学上讲,这等于问:神是什么? 这里出现的问题是,宙斯神族住在奥林珀斯山。这意味着,要行使王权,神就得在某个地方定居下来,否则何以施行统治哩? 所以,佩斯特泰罗斯要鸟儿们别再飞来飞去,在空中砌起一座城定居下来。可是,鸟儿生来就得飞来飞去,因此,鸟儿队长搞不懂:世人何以会把这类自由自在地生活的族类当神来崇拜。

佩斯特泰罗斯一听就急了,骂鸟儿队长蠢,说诸神也有翅膀,也会飞,似乎有翅膀会飞是神的标志。言下之意,鸟儿们天生就是神。但欧厄尔庇得斯的说法帮了倒忙,他说宙斯会"飞着拿雷劈人"(行576)。这无异于提醒佩斯特泰罗斯,会飞绝非诸神的本质特征,有能力施行严厉惩罚,才是宙斯神族的主要特征。佩斯特泰罗斯显然明白,即便鸟儿们自认为自己是神,世人是否认鸟儿们是神,的确还是问题。这里透露出一个大问题:能够当王与能够当神,还不是一回事。鸟儿即便夺回王权,不等于重新获得神位。这也表明,佩斯特泰罗斯真正觊觎的是神位,而非王权。

佩斯特泰罗斯念头一转,马上教诲鸟儿们:如果世人不认鸟儿为神,继续崇拜奥林珀斯诸神,鸟儿们就对世人采取惩罚性措施,即派麻雀和白嘴鸦吃光地里的种子。看来,鸟儿们让世人相信它们比神厉害的最好办法,仍然是吃光地上的谷物让世人饿死。施行惩罚本来是宙斯神族管制世人的基本法宝,佩斯特泰罗斯能够想到的鸟儿惩罚世人的措施,仅仅是吃光地里的种子,甚至派老鸦啄瞎耕地的牲口的眼睛,比起宙斯的霹雳来,恐吓力显然小得多。这让我们想到一个与今天的政制非常相关的问题:政制统治是否应该尽可能减轻惩罚的严厉性质。

佩斯特泰罗斯心里明白,鸟儿们没能力完全取代宙斯神族的统治才能,因为他想到,宙斯神族的成员还能给地上的世人治病,鸟儿就没法做到。佩斯特泰罗斯只好搪塞说,如果人要求阿波罗神治病,就得让人花钱。可是,鸟儿们有什么能耐让人非花钱不可?佩斯特泰罗斯显得没法自圆其说。他已经感觉到,他很难一下子说服鸟儿们相信它们比奥林珀斯诸神们地位高,倘若如此,世人就会继续仅仅承认和崇拜城邦诸神。

佩斯特泰罗斯灵机一动,转而从世人的角度出发来劝导:如果世人承认鸟儿是神,"把你当神($\sigma\grave{\epsilon}$ $\vartheta\epsilon\acute{o}\nu$),当命根子,当大地,当宙斯的爹爹($\sigma\grave{\epsilon}$ $K\varrho\acute{o}\nu o\nu$)","所有的好处"(行586 – 587)就都会有了。这一说法有两点值得注意:首先,佩斯特泰罗斯无异于把诸神与鸟儿们混为一谈。在此之前,他可没把鸟儿说成诸神:鸟儿们是最初的存在,但并非是神。在赫西俄德笔下,最初的存在大地等是神,由于鸟儿们比大地还古老,鸟儿们等于是高于城邦神的原初自然存在。换言之,自然高于诸神。这是相当哲学的看法,奇妙的是,在20世纪的哲人海德格尔那里,我们可以看到类似的主张:"最高的存在者从此将是某种自然的存在者(natural beings)。"

其次,佩斯特泰罗斯的这一说法强调,世人承认鸟儿们是神,所有的好处世人就都有了。这句话以让世人承认鸟儿们是神开头,以让人承认鸟儿们对世人有好处结尾,似乎要成为神,就必须怜爱世人(philanthropic),或者反过来说更好:怜爱世人就可以成为神。

鸟儿队长赶紧请教,咱鸟儿们何以可能做到造福世人。佩斯特泰罗斯说,鸟儿当了神,派出消灭蝗虫、蚜虫、树瘿虫一类害虫的鸟类军队,地上的虫子就没法再吃地上的种子。这样,人间的谷物植物的生长就不再依靠宙斯神族,而是依靠鸟儿们。鸟儿队长记得佩斯特泰罗斯先前提到让世人花钱的事情,知道世人"最爱钱"(行591),要造福世人,不给世人提供钱财怎么行呢?

佩斯特泰罗斯启发鸟儿们发挥自己的占卜能力,帮世人发财致富。世人最需要的是钱——也就是财富,可以说是一个严肃的政治哲学见解:诸神不用花钱,也没钱给世人,这看起来的确是诸神的致命弱点。但世人不是通过拜神来祈求自己发财吗?佩斯特泰罗斯启发等于是教鸟儿们凭靠自己的占卜能力褫夺诸神的权位。佩斯特泰罗斯还启发说,世人除了爱钱财,还非常惜命,出门就要问吉凶,鸟儿们也可以凭靠自己的占卜能力让人避凶就吉。佩斯特泰罗斯把爱钱财和惜命放在一起来说,说明他对世人的本性有相当深入的了解。在自由民主的今天,我们看到,世人最终追求的就是发财和惜命,世人最低的欲望成了最高的欲望,即尼采和科耶夫所谓的"末人"伦理。佩斯特泰罗斯甚至启发鸟儿们,可以通过占卜让某人捡得"前人埋藏的银子宝贝"(行599)。至于惜命,除了出门避凶就吉,最重要的是人的身体健康和寿命,鸟儿队长说,这向来是诸神掌管的事情,鸟儿们没法插手。佩斯特泰罗斯则教导说,人有了钱,就会有健康,至于寿命,他告诉鸟儿队长,鸟儿们天生命长,动不动就活上三百岁,如果鸟儿们把自己的命相分给世人一点儿,世人岂不就长寿了吗?

对鸟儿们的启蒙教育以鸟儿们给世人带来实际的好处结束,首先兴奋起来的是欧厄尔庇得斯,但我们注意到,他的说法是,"鸟儿做我们的王真比宙斯好得多"(行610)。这话的意思是,倘若鸟儿们而非宙斯神族统治人间城邦,那么,人间城邦的生活将会最美好。由此我们看到,欧厄尔庇得斯企望让世人最低的欲望成为最高的欲望,至于哪个神在统治,无关紧要。换言之,废除神的统治并非欧厄尔庇得斯追求自由生活的目的,过得无比舒适,长命百岁才是目的——我们可以说,这是平庸的自由主义。

与此不同,佩斯特泰罗斯说了一大段话,总结自己的看法:在鸟儿们的治下,生活得更美好的关键在于人不用再敬神。也就是说,佩斯特泰罗斯的根本意图是废除诸神的统治:鸟儿们替代诸神成为神后,世人既无需为鸟儿们造神庙,鸟儿们仍然住在树林子里,也无需专门去神庙所在地祭神,随地在树林子里"举手祷告就得啦"(行625)。这种说法无异于暗中取消了先前的倡议中提到的世人继续向诸神献祭的说法,甚至等于是说根本无需向新神鸟儿们献祭。佩斯特泰罗斯最终表达出了他倡议创建鸟儿城邦的意图,我们可以看到,这个意图比欧厄尔庇得斯的欲望要高得多。现在我们值得问一个问题:倘若真的建成了鸟儿城邦,按佩斯特泰罗斯的构想,人间是否就不再有神的统治了呢? 我们可以设想两个结果:要么人间城邦是群龙无首的政制,要么是一个新神出来统治,这个新神显然不会是鸟儿。

鸟儿队长终于觉悟过来:两位雅典来人不是鸟儿们的敌人,而是鸟儿们"最亲的亲人"(行627)。佩斯特泰罗斯的启蒙得到了他满意的结果:鸟儿们已经发誓,要与佩斯特泰罗斯一道反对诸神。很清楚,佩斯特泰罗斯的演说有两个重点:首先是启蒙——启发鸟儿们它们忘记了自己伟大高贵的出身和真实身份;然后是号召鸟儿们起来造宙斯神族的反,夺回属于自己的王权。但现在鸟儿们还没有恢复王权,佩斯特泰罗斯已经获得了对鸟儿们的王权。我们有必要注意,佩斯特泰罗斯凭靠什么获得对鸟儿们的支配威信,或者说,鸟儿们因为什么而拜倒在佩斯特泰罗斯脚下。鸟儿队长承认,鸟儿们有的是气力,但涉及"智慧和计算的事情"不行(行636)。换言之,鸟儿们的脑筋不如雅典来人好使,一切用脑筋的事情仍然得由雅典来人全权处理。

鸟儿们其实没有思想,对佩斯特泰罗斯的倡议,鸟儿队长也没有提出任何质疑,没有与佩斯特泰罗斯发生一点儿争执。佩斯特泰罗斯说,让鸟儿们重新当王,其实是佩斯特泰罗斯当王,因为他有思想;甚至可以说,让世人认鸟儿们为神,其实是认佩斯特泰罗斯为神。如果佩斯特泰罗斯是哲人,那么,鸟儿城邦的实质就是哲人当新王,哲人当新神。在进场戏中我们看到,鸟儿们以军队的姿态出现,它们爱憎分明,有战斗热情,勇于杀敌,换言之,鸟儿们是芸芸众生,鸟儿们不会思考,也不会争辩和反驳,而这恰是芸芸众生的特点。基本的戏剧冲突在鸟儿们与奥林珀斯神族之间,直到最后才解决;但鸟神族与宙斯神族的关系,最终集中在佩斯特泰罗斯与宙斯之间。

全体鸟儿大会仅仅是形式上的公民大会。阿里斯托芬起初甚至用希腊的重甲步兵(hoplites,行353、402、448)这个语词来描绘鸟儿军队,而重甲步兵是雅典政制中最低等级的奴隶阶层,连自由民都不是,遑论公民大会成员。无论如何,全体鸟儿们完全接受了佩斯特泰罗斯的倡议,忒瑞斯-戴胜对这样的启蒙结果兴奋不已,对佩斯特泰罗斯和欧厄尔庇得斯说,"我们不能再耽误"(行639),得马上行动起来。这里用到"我们",可见忒瑞斯与两位雅典来人在天性上的一致。他还说,别像尼基阿斯那样嘀嘀咕咕——在伯罗奔半岛战争时期,尼基阿斯对于雅典出兵斯巴达犹豫不决,与阿尔喀比亚德形成鲜明对比。雅典观众听到戴胜这话,就会想起阿尔喀比亚德。不用说,行动需要勇气,看来鸟儿们不乏勇气;佩斯特泰罗斯也有勇气,因此他更像阿尔喀比亚德,而非尼基阿斯。

戴胜欣喜地邀请两位雅典来人去他的鸟窝用餐,这时才问起他们的大名。佩斯特泰罗斯说了自己的名字后,还替欧厄尔庇得斯回答叫什么名字,他没说自己是哪个村社的,但提到欧厄尔庇得斯是克里奥村社人(Krioa deme),这个村社属于安提俄克斯区(Antiochis phyle),苏格拉底也来自这个区(phyle),尽管不是同一村社。阿里斯托芬似乎暗示,陪伴阿尔喀比亚德的是苏格拉底。

走向戴胜的鸟巢门口时,佩斯特泰罗斯突然问戴胜,他和欧厄尔庇得斯还不会飞,怎么能参与会飞的鸟儿们的生活呢?忒瑞斯满不在乎地回答说,完全不用担心,他有一种草药,佩斯特泰罗斯和欧厄尔庇得斯吃了就能长出翅膀(行655)。我们可以想到,当初忒瑞斯兴许就是靠草药长出翅膀来的。无论如何,现在佩斯特泰罗斯和欧厄尔庇得斯获得翅膀,最终靠的不是鸟儿,而是鸟人忒瑞斯。忒瑞斯怎么能搞到这种神奇的草药,他没有交代。显然,对鸟儿们来说,这草药绝非好东西。跟在一旁的鸟儿队长幸好没听见这个秘密,因为它正在打戴胜老婆的主意,它想要戴胜请雅典来人吃饭时放自己的老婆夜莺出来跟歌队一起玩(行660)。两个雅典来人也替鸟儿们请求,戴胜听了他们的请求,就同意了,可见雅典来人也支配了戴胜的脑筋。

戴胜的老婆夜莺一露面,两个雅典来人马上被她的漂亮气色熏得神魂颠倒。不过,与欧厄尔庇得斯不同,佩斯特泰罗斯虽然也惊叹夜莺竟然如此漂亮,却并没有随之燃起欲望——这倒不难理解,因为他是同性恋。然而,这也表明,他与欧厄尔庇得斯在天性上的确非常不同。何况,我们已经知道,在阿里斯托芬看来,男同性恋具有政治含义。

第二戏段以佩斯特泰罗斯对鸟儿的启蒙演说开场,主题是煽动鸟儿起来造宙斯的反,可以说,这也是整部《鸟》剧的主题。就此而言,《鸟》剧与普罗米修斯神话不能说没有关系。

第一插曲 爱欲与鸟神之歌

忒瑞斯请两位雅典来人在鸟巢一起吃饭时,歌队在夜莺的伴唱下唱起了合唱,其中主要是鸟儿队长的领唱。谐剧的插曲,相当于肃剧中的肃立歌,在两个戏段之间——全剧共五个戏段,中间夹着三段歌队合唱。第一段插曲是鸟儿们在接受了佩斯特泰罗斯的启蒙教育后,梦想着自己的光荣出身,对世人宣告自己是神。需要注意的是,与肃剧中的肃立合唱歌一样,从诗剧的形式结构上讲,插曲的内容具有相对的独立性,或者说在某种程度上超逾了情节的发展,带有对剧情作出评议的性质。因此,我们在阅读插曲时,就像在阅读肃剧中的肃立和唱歌时一样,需要考虑到一种可能性:这是诗人自己在发言。

插曲的第一段是鸟儿队长呼唤夜莺出场的咏唱,随后是对世人的第一次呼吁:呼吁世人倾听鸟儿队长即将叙说的新神谱。从形式上看,这段呼吁是鸟儿队长即将唱颂的新神谱的序歌,与赫西俄德《神谱》的"序歌"颇为相似,不同的是,这里将要唱颂的不是宙斯神族,而是鸟儿神族。鸟儿队长这样对世人发出呼吁:

> [685] 喂,你们这些靠自然为生的人,虚飘飘的,简直与草木没差别,
>
> 孤苦伶仃,根本就是稀泥和成的,虚弱得无异于一簇浮光掠影,
>
> 你们没翅膀,生如朝露,这类悲惨的人哦简直就是梦影,
>
> 把你们的理智奉献给不死的鸟儿们吧,咱们才永生不老哩,
>
> 咱们才在太空中,不会老朽,思忖着不朽的东西,
>
> [690] 从咱们这儿正确地聆听所有关于悬在半空中的东西罢,
>
> 什么鸟儿们的本质喽,以及神们喽、大江大河喽、幽冥混沌喽等等的诞生;
>
> 一旦你们正确地搞懂了这些,那就从我这儿去对普洛狄科说,他自个儿哭兮兮地去吧。

鸟儿队长一上来就称呼世人是"靠自然为生的"(φύσιν;原译"芸芸众生")——佩斯特泰罗斯告诉鸟儿队长,鸟儿们是原初的存在,也就是原初的"自然"。现在鸟儿队长说人是"靠自然为生的",似乎人是靠鸟儿们为生的,而非靠诸神的统治为生的。可是,既然如此,鸟儿队长为何把"靠自然为生的人"的生存品质说得非常悲惨,生命有如幻影,甚至说人是"稀泥和成的"(行686)呢?注疏家告诉我们,这样的说法在古希腊作品中还是第一次见到。

鸟儿队长的说法很清楚,世人的生存品质如此悲惨,是因为世人还没有翅膀。这样说来,"靠自然为生"的世人所凭靠的"自然",并非鸟儿所有的自然,而是别的自然。"自然"这个语词的另一个含义是"天性",有翅膀会飞是鸟儿的天性,世人还没有这样的天性。但鸟儿队长提到世人有理智,有"理智"不是一种高等存在的标志吗?理智是否就是世人凭靠为生的自然呢?如果是的话,这样的"自然"是哲人给定

的。但鸟儿队长说"有理智"的世人活得很悲惨，因为世人虽然有理智，但理智还没有飞起来，还在地上，或者说还没有获得鸟性。因此，鸟儿队长呼吁世人把自己的理智"奉献给不死的鸟儿们"（行 688），也就是要使得理智具有鸟性。

鸟性是什么呢？鸟性就是神性。鸟儿队长说，鸟儿才是永在不老的神，而且在天空中，还思忖着不朽的东西（688－690）。可见，鸟儿也有理智，而且很高。鸟儿队长用来描绘鸟儿的这些说法，大多是传统的城邦宗教用于宙斯神族的说法。"永生不老"就是典型的荷马语汇，专门用来描绘诸神，在阿里斯托芬的观众耳朵里听来绝不陌生；"在太空中"（行 689）不是荷马语汇，但自荷马以来，希腊人都相信宙斯生活"在太空"，①现在，高飞到空中的鸟儿们取代了宙斯神族。"思忖着不朽的东西"（行 689）（所谓"研究神仙之道"）这种说法原来也是用在宙斯身上的，因为思考不朽不是人的事情，而是神们的事情，鸟儿队长这样说，无异于鸟儿们认为自己才是真正的神。什么样的神呢？鸟儿队长马上就会告诉我们。在讲述鸟儿的神性起源之前，鸟儿队长最后向世人呼吁要"正确地倾听"何谓鸟儿的"本质"（或"天性"）——"正确地倾听"是智术师们的口头禅，研究"关于悬在半空中的事情"以及"本质"之类，标明的是哲学的爱好，περί［关于］这个语词是当时兴起的哲学论文题目的标准格式——这表明，鸟儿们现在觉得自己已经是哲人。鸟儿队长呼吁世人要向鸟儿学习，除了搞懂鸟儿的本质，还要搞懂诸神、大江大河、幽冥混沌等等的起源，从此以后，世人就不再需要普洛狄科这样的蹩脚哲学教师了——普洛狄科是苏格拉底的老师之一，在阿里斯托芬的《云》剧中，云神就提到过普洛狄科，还说苏格拉底最喜欢他（《云》，行 361）。我们值得设想，阿里斯托芬在这里提到普洛狄科，很有可能是在暗指苏格拉底。这意味着，鸟儿队长将要宣告的鸟神说是针对苏格拉底哲学的。如果与前面鸟儿队长说世人的理智还没有长翅膀联系起来，就可以设想，鸟儿队长将要阐述的鸟性将取代哲人为世人规定的自然——理智。由此看来，鸟儿队长接下来宣告的鸟神说，有可能是在代阿里斯托芬发言。

经过启蒙教育的鸟儿现在也要对世人启蒙：鸟儿队长充分展开了自己刚从佩斯特泰罗斯那儿听来的教诲。这部剧作读到现在，我们已

---

① 参见《伊利亚特》2.142、4.186；《奥德赛》15.523。

经看到这样的启蒙历程：

> 佩斯特泰罗斯说服忒瑞斯 → 忒瑞斯说服鸟儿们倾听佩斯特
> 泰罗斯 → 佩斯特泰罗斯说服鸟儿们 → 鸟儿们说服所有人

佩斯特泰罗斯说服忒瑞斯是私下谈话，忒瑞斯说服鸟儿们是半公开的谈话，佩斯特泰罗斯说服鸟儿们则是公开演说，他启发鸟儿们认识到，自己的身世比天地和诸神都要古老，是最古老的存在者，换言之，佩斯特泰罗斯对鸟儿们说的话比他对忒瑞斯说的走得远得多；现在鸟儿们对世人说的话，又比佩斯特泰罗斯对它们说的走得远得多。换言之，鸟儿队长接下来宣告的鸟神说与佩斯特泰罗斯在前面教诲的鸟神说会有所不同。

接下来，鸟儿队长述说鸟儿的神性起源，唱起了鸟儿们自己的神谱版本：

> 一开头只有混沌、黑夜、漆黑的幽冥和茫茫的塔耳塔罗斯；
> 既没有大地，也没有空气和天空；从幽冥无边的怀里，
> [695] 黑翅膀的黑夜最先生出一只风鼓鼓的卵，
> 几轮季候之后，渴望不已的爱若斯生了出来，
> 他闪亮着背，带一双金色翅膀，看起来旋风呼啦呼啦的；
> 正是爱若斯夜里与风飘飘的混沌交合，而且在茫茫的塔耳塔
> 　　罗斯下面，
> 才孵出咱们这一族，并最先把咱们带进光明。

在鸟儿诞生之前，太初的四种存在物事物只有混沌、黑夜、幽冥和塔尔塔罗斯，这些并非气、火、水一类的元素，甚至大地、空气和天也还没有，更不用说诸神与河流了。换言之，自然哲人认定的宇宙本源，在鸟儿们看来，并非真正的本源。如果我们熟悉赫西俄德《神谱》的序歌过后对太初的描绘（行 116 - 123），我们就可以看到，阿里斯托芬笔下的鸟儿队长在戏仿赫西俄德的神谱：赫西俄德说"一开头生出的是混沌"，鸟儿队长则说"一开头已有混沌"；赫西俄德说，创生过程开始之前，大地已经诞生，鸟儿队长则说，"既没有大地，也没有空气和天空"。

但是,赫西俄德的神谱讲述的并非宇宙的本源,而是诸神的诞生,鸟儿队长讲述的神谱却是宇宙的本源——这一本源就是爱欲。换言之,爱欲将要取代哲人为世人规定的理智这一自然。赫西俄德的神谱在说到最初的神时,的确提到爱若斯是原初存在,但在诸神的诞生过程中,爱若斯实际上并没有起什么作用。在鸟儿队长的神谱中,爱若斯成了主角,成了原创性的动力:在大地、空气和天空诞生之前,带有金色翅膀的爱若斯就已经从带有翅膀的幽冥的子宫中孵出来(行696)。雅典的观众都知道,带有金色翅膀的爱若斯的样子就是爱神。爱若斯与长翅膀的混沌交合,就生下了鸟族。

于是,鸟族是最先出现的生物,其父母是爱欲和混沌。

> [700] 起初,也就是爱若斯促成大交合以前,根本就没有这族
> 　　不死的神们,
> 这个与那个交配以后,天空以及海洋才生了出来,
> 还有天地,以及整个幸福的诸神这不朽的一族。所以,咱们噢,
> 比所有幸福的神们年岁都要大得多哩。

爱若斯与长翅膀的混沌交配生下鸟儿这族以后,爱若斯开始促成一系列原初的"大交合"。与赫西俄德的神谱对勘,鸟儿队长所讲述的鸟儿族的诞生,恰恰与赫西俄德的神谱所讲述的奥林珀斯神族的诞生的时序相同,似乎鸟儿族取代的恰好是奥林珀斯神族在神谱中的位置。鸟儿队长说,"起初,也就是爱若斯促成大交合以前,根本就没有这族不死的神们"(行700)——"不死的这一族"指的就是宙斯神族,与上一行的"咱们鸟族"对比。这无异于说,鸟族比神族更年长,该算得上最古老的神族。

但是,鸟儿队长强调的并非是,爱欲促成的大交合使得奥林珀斯诸神诞生,而是强调这大交合使得整个天地得以诞生:天空、海洋、大地都是爱若斯的后代。鸟儿们没有说到空气的诞生,没有空气鸟儿们怎么存活呢?这看起来令人匪夷所思——佩斯特泰罗斯建议的鸟儿城邦的城址恰恰在空气之中。鸟儿队长没有提到空气,很可能不是诗人的疏忽,或者鸟儿队长的疏忽——爱若斯虽然先于鸟儿存在,但鸟儿队长没有说爱若斯是神,实际上也不可能把爱若斯说成神,不然的话,鸟儿族就不是最古老的神。

　　既然鸟儿族是爱若斯与长翅膀的混沌交配生下来的,那么,我们也许可以推想,爱若斯就是鸟儿们赖以存活的空气(或以太;对观行574-75)。换言之,爱欲就是鸟儿的本质、天性或自然。所以,鸟儿队长接下来说:

> 我们是爱若斯所生,这很明显,因为我们既有翅膀又帮助天底下所有的有情人。(行703-704)

　　鸟儿有翅膀的族类本质被等同于爱欲,爱若斯不仅是第一存在者,是宇宙万物和诸神的原祖,鸟儿作为爱若斯的初生子,自己也带有爱若斯的品质,或者说,鸟儿作为最古老的神就是爱神。值得注意的是,鸟儿队长说鸟儿的天性首先是帮助天底下所有的有情人时,首先提到"热恋中的男人征服了任性的漂亮男孩"靠的是鸟儿神,这意味着,作为爱神的鸟儿神首先热心帮助的是男同性恋。于是,在鸟儿队长的鸟神说中,佩斯特泰罗斯的同性恋天性得到了正当性论证。

　　"鸟儿们"的神谱叙事以宣告鸟儿神就是爱神结束,以此为基点,鸟儿队长转而陈述鸟儿族给世人带来的"重大好处"(行708)。我们看到,鸟儿族给世人带来的好处其实就是佩斯特泰罗斯当初教鸟儿队长的两个东西:首先是有利于世人的劳作——通过提示季节的更替让世人在不同季节有不同的劳作。由于鸟儿神是爱神,它们甚至也为匪盗提供"出去打劫不会着凉"的提示,可见鸟儿神也有心软的品质。

　　鸟儿族给世人带来的第二大好处是以自己的占卜本领代替诸神为人指点迷津,世人"不管干什么都得先找鸟问上一卦"(行716),没必要再求助奥林珀斯山上的阿波罗和缪斯们。鸟儿神给世人带来的好处,总的来看有三点:襄助情爱(尤其同性恋),襄助劳作,指点迷津。鸟儿神襄助情爱的本性是根本性的,襄助劳作和指点迷津的本性是派生性的,衍生自襄助情爱的爱欲本性。

　　如果把佩斯特泰罗斯先前对鸟儿们启蒙时的鸟神说与这会儿鸟儿队长经过启蒙教育后对世人启蒙的鸟神说作一对比,我们可以看到两个重要的差异。首先,在佩斯特泰罗斯的鸟神说中,没有说到爱欲,在鸟儿队长的鸟神说中,爱欲占据着中心地位:爱欲不仅是基本原动力,促成了创生性的大交合,爱欲作为神本身也是在这一创生过程中最终成形的——鸟儿神就是爱神。

第二,佩斯特泰罗斯的鸟神说中说到鸟儿们对世人施行统治的事情,也就是鸟儿们当王的事情,在鸟儿队长的鸟神说中,我们却没有看到鸟儿队长说到鸟儿们当王对世人施行统治的事情。佩斯特泰罗斯和鸟儿队长的鸟神说都没有否认诸神存在,只是断言将会剥夺诸神的王位或权力。既然鸟儿队长没有说到鸟儿神施行统治当王的事情,我们就得问:谁来代替诸神统治世人?

如果按柏拉图在《会饮》中的记叙,民主时代的新神是爱神,那么,鸟儿当王就是民主政治的实现。但鸟儿队长在说到鸟儿的爱神本性时,强调的是男同性恋的情爱,而这种情爱很可能与某种类型的僭主政治相关,至少在这里与佩斯特泰罗斯相关。看来,鸟儿队长的鸟神说虽然没有说到未来的王者,但鸟儿的爱神本性中已经潜伏着王者的原动力。

随着鸟儿队长的咏唱转为"快调",鸟儿队长呼吁世人把鸟儿们当作神,它许诺的不仅是预言季节,还许诺贴近凡人,不像宙斯那样"高高在上"——这让我们想起普罗米修斯怜爱世人的天性。不过,鸟儿队长没有直接呼吁推翻宙斯的统治,仅仅表示鸟儿将永远待在人间,给世人带去财富、健康、幸福,以及幸运、快乐、和平和舞蹈、歌咏、欢笑(行731-732)。鸟儿队长的说法表明,鸟儿神看重的都是世人生命中靓丽的一面。这倒不难理解,因为,鸟儿神的本性是自然性的爱欲。总之,鸟儿神给世人带来的似乎是平庸的心满意足,而非推翻宙斯神族的暴动,或者说,鸟儿队长的许诺更接近欧厄尔庇得斯的愿景,而非佩斯特泰罗斯的宏愿。

随后,全体鸟儿们唱起了歌队首节赞美歌,赞颂林中的缪斯——林子是鸟儿们在地上的栖息处,鸟儿们赞美自己的家园不足为奇,奇怪的是鸟儿们也赞颂奥林珀斯神族的缪斯。这表明,鸟儿们并没有非要废除奥林珀斯神族的意愿。缪斯是歌咏之神,鸟儿善于歌唱,而非善于思想,赞颂缪斯等于赞颂鸟儿自己的歌咏天赋。鸟儿们宣称,自己的合唱歌舞献给山的母亲和潘神。对这两位神的敬拜是古老的习俗,[1]由此看来,鸟儿们相当守旧,或者用今天的话来说相当保守。鸟儿们把自己的赞美歌比作肃剧的先驱诗人佛律尼科斯(Phrynichos),比作"蜜蜂采

---

[1] 参见品达《皮托凯歌》之三,行77-79。

蜜,采集仙乐天籁,用作自己甜蜜的歌词"(行749－751)。阿里斯托芬在《蛙》中对肃剧诗的老前辈表达过敬意,这里提到佛律尼科斯,让人觉得鸟儿的合唱歌声暗喻的是肃剧诗人的诗作,或者说,合唱歌队是肃剧诗人的代言者。总之,鸟儿们的合唱听起来让我们觉得,尽管经过启蒙,它们仍然相当虔敬。我们很难设想,鸟儿们也很奸猾,用赞美歌来掩饰即将到来的对诸神的造反。

歌队唱过赞美歌后,鸟儿队长继续对世人发出呼吁:凡愿意跟鸟儿一起过快乐生活的人赶紧来,一起参与建设新的政治制度。可以说,鸟儿队长在这里给出的参与新生活制度的唯一条件就是:有过自由的无拘无束的快乐生活的意愿。鸟儿队长没有说,首先必须承认鸟儿是神,才能加入鸟儿国籍。这意味着,在鸟儿城邦,鸟儿对世人是否真的把鸟儿当神,其实没什么所谓。鸟儿队长强调的是鸟儿城邦在制度上的优越性:首先,彻底摆脱传统礼法的束缚,在雅典城邦算作犯法的事情,在鸟儿城邦就是正当的事情,比如,在雅典城邦,一个人打自己的父亲不对,在这里就没什么不对可言。

第二,鸟儿城邦的主导价值是平等,自由人与奴隶没有区别,雅典城邦的逃亡奴隶在鸟儿城邦可以做高等级的"梅花雀"。第三,鸟儿城邦还是一个大同世界,取消了公民与外邦人的区别;即便是外国奴隶,"到我们那儿生下小鸟,就可以取得国籍",天下一家;在鸟儿城邦,有谁想要叛变投敌,也有叛变的自由。可以看到,在雅典城邦被看作堕落、低级的行为,在鸟儿城邦就成了高贵或美好的行为。鸟儿许诺的生活伦理僭越了礼法,僭越了城邦或政治的领域,那么鸟儿的生活伦理基于什么呢? 基于自然的爱欲——如果说雅典城邦的生活符合礼法,那么,鸟儿城邦的生活符合自然。

歌队再次唱起合唱赞美歌,这次赞美阿波罗的天鹅。我们看到,鸟儿们的歌声已经传到奥林珀斯山,在"高山发出回响,众神惊讶"不已,这再次体现了鸟儿歌队的虔诚。忒瑞斯早前叫妻子夜莺唱起神圣的赞歌时,曾引起阿波罗和诸神歌队的反响(行209－222);现在诸神中的神女们"也都唱起歌来"(行782)——随后我们会看到,为什么仅仅是神女。

鸟儿队长最后的咏唱讴歌的是长翅膀的好处:"更好、更舒服"(行785)。鸟儿队长提到的好处在于两个方面,首先是食色方面的舒服:好吃好拉和方便偷情;再就是政治上方便飞黄腾达。这两个方面的好处恰好囊括了欧厄尔庇得斯和佩斯特泰罗斯的欲望，但这样的好处显然是邪门歪道。阿里斯托芬让我们看到，经过启蒙的鸟儿们最终得出的是实践生活上的歪理，推荐给世人的是邪乎的生活方式。

总的来看，整段第一插曲告诉观众两个要点：阐明鸟儿的神性本质或者说鸟性，阐明未来鸟儿城邦生活的性质。鸟儿神的诞生说重点在于，揭示鸟儿神的性质是爱欲神，阐述鸟儿城邦生活的性质的重点则在于反习俗、反宗法、反道德。

这两个要点之间有什么关系吗？我们必须思考这个问题。我们不可忽略，整段插曲都是赞美歌：鸟儿队长的神谱颂和合唱歌队的两次合唱显得很虔敬，与鸟儿队长宣扬鸟儿城邦的性质和好处的快调段落形成对比。鸟儿队长的神谱颂的重点在于，赞颂爱欲是创生一切的原母，合唱歌队则赞美诗人的原母缪斯——从而，我们看到创生一切的原母爱欲与诗歌的原母缪斯的叠合。

如果鸟儿队长在阐明鸟儿的神性本质之前提到普洛狄科确实与苏格拉底相关，那么，我们可以设想，阿里斯托芬很可能在借助鸟儿队长的鸟儿神性说批评苏格拉底哲学，批评的要害在于：苏格拉底式的自然学说忽略了爱欲。在苏格拉底的自然哲学中没有爱若斯，也就没有缪斯，爱若斯与缪斯成双成对，或者说爱欲与诗携手同行。因此，阿里斯托芬对苏格拉底的批评，也就是诗对哲学的批评：在阿里斯托芬看来，苏格拉底不仅缺乏爱欲，也缺乏诗性（施疏，页181-182）。

在柏拉图的《会饮》中我们看到，苏格拉底不仅充满爱欲，而且亲近缪斯，作诗胜过肃剧诗人和谐剧诗人。柏拉图所凸显的苏格拉底的优长，恰是阿里斯托芬笔下的苏格拉底的欠缺。但我们也不能忘记，在柏拉图的《会饮》中，苏格拉底说自己在女先知第俄提玛向他透露爱欲的秘密之前，他少不更事，不懂得恰切地欣赏爱若斯。这也表明，阿里斯托芬对苏格拉底的批评并非无中生有（施疏，页330）。

可是，鸟儿神的爱欲性质与鸟儿城邦的反习俗、反宗法、反道德的性质之间是什么关系？既然阿里斯托芬是个老派的保守主义者，旧式贵族制的拥护者，主张爱欲的首要性，主张爱欲是第一自然，岂不与他的基本政治观点相违背？如果与《云》联系起来看，那么，情形也未必如此：正因为爱欲是第一自然，人世生活才需要礼法来规约爱欲。自然哲人的自然探究一旦危及礼法——如《云》剧所展示的那样，自然爱欲就不再受到约束:两位雅典人走出雅典城邦,正表明自然爱欲力图摆脱礼法的约束。在这一意义上讲,《鸟》是《云》的续篇:苏格拉底的哲学打破礼法的规定后,结果就是《鸟》所描绘的情形。

[待续]

斐德若的爱欲与城邦

——柏拉图《会饮》178a6－180b8 讲疏

肖有志*

（上海大学文学院）

摘　要： 要理解柏拉图《会饮》中的主要人物斐德若，就得着眼于其名字、教育、身份、在柏拉图对话中出场的情况，以及更关键的，他与苏格拉底的关系。当然更为重要的是仔细解读其作为言辞之父第一个发表的关于爱若斯的颂辞，分析其言辞的含混特性与逻辑论证线索，以此探求其性情之奥妙与理智德性之表现，并从中引申出其关于爱欲的说辞与个人或城邦之幸福的目的论问题。

关键词： 柏拉图　《会饮》　斐德若　爱欲　城邦

引言：理解斐德若及其讲辞的线索

我们要回到最初的起点——斐德若的名字，其含义在柏拉图《斐德若》出现过（234d），原意是"发光"、"发亮"、"神采飞扬"，可是他像苏格拉底这样自利利他、照耀别人吗？他的名字可能充满反讽意味，因为据说他是自利之人。

再看他的教育，他的老师是希庇阿斯。柏拉图有两篇名为《希庇阿斯》的对话录。这里，他提到的不是希庇阿斯，而是帕默尼德。帕默尼德和希庇阿斯都是自然学家，研究天体运行、自然元素之类，区别于研究人的自然。这对理解斐德若非常重要，因为他是自然哲学的爱好者，并因而不相信传统诸神。斐德若还是个热爱言辞者。自然知识和修辞术恰恰也是苏格拉底年轻时候所学的，而且苏格拉底年轻的时候也跟帕默尼德交谈过（参柏拉图《帕默尼德》）。柏拉图以这样一个小

---

* 作者简介：肖有志（1976－　），男，福建泉州人，哲学博士，上海大学文学院副教授，主要从事古希腊罗马文学与哲学研究。

年轻作为起点,他还是言辞之父,是不是也有反讽意味呢?斐德若是言辞之父、话题之父,他制作的言辞要有吸引力,又能生育言辞(参《斐德若》276e－277a、278a－b)。至少,他提出了话题——赞颂爱若斯,其后的人依次不断地上升,至苏格拉底达到顶点。

再者,他年轻、长得美,但体弱、不能喝酒,而苏格拉底老、丑,但强壮、能喝酒。此外,他还是医生厄里克希马库斯的情伴。同性恋者暗指不生育;而他虽然热爱言辞,却不善言辞。人身上有两种生育,一者是身体的生育,一者是灵魂的生育。他是同性恋者,他不生育;他不善言辞,他在灵魂上也不生育。孔夫子说过,"有德者必有言,有言者不必有德"(《论语·宪问》),前者可以用来指苏格拉底,后者可用来指斐德若。德性很高的人说出来的话都很美。

最后,他在柏拉图作品中出现了三次,且地位越来越高:《普罗塔戈拉》中,他与他的老师希庇阿斯一起出场,并不言语;《会饮》中他是言辞之父,第一个赞颂爱若斯;《斐德若》中他单独与苏格拉底对话。这是他在柏拉图作品中的地位。第五个问题,斐德若和苏格拉底并非师生关系,再者,斐德若像是年轻的苏格拉底,但在这里他似乎成了苏格拉底的对立面。在《会饮》中,他的颂辞长度最短,程度也最低,而苏格拉底的最长也最高。

一

[178a6]因而,恰如我所说,他[阿里斯托得莫斯]说,斐德若首先从这儿开始说,即爱若斯可是人们和神们中了不起且神奇的神,在其他许多方面[均如此],不仅仅[是]关乎其出身。①

---

① 本稿柏拉图《会饮》的译文依据 Sir Kenneth Dover,《柏拉图〈会饮〉笺注》,(*Plato*,*Symposium*), Cambridge:University of Cambridge Press, 1980;译文参考 Seth Benardet,《柏拉图〈会饮〉》(*Plato's Symposium*), Chicago:University of Chicago Press, 2001;刘小枫编/译,《柏拉图四书》,北京:三联书店,2015;研读得益于施特劳斯,《论柏拉图的〈会饮〉》,邱立波译,北京:华夏出版社,2012;伯纳德特,《柏拉图的〈会饮〉义疏》,何子健译,收于刘小枫等译《柏拉图的〈会饮〉》,北京:华夏出版社,2003;罗森,《柏拉图的〈会饮〉》,杨俊杰译,上海:华东师范大学出版社,2011。

"首先……开始说"这个说法很重要,并且"开始"这个词还有"开端、起源"的意思——斐德若被看作言辞之父。他说爱若斯许多方面都了不起且神奇,特别提及其出身。出身这个词首先是"出生、诞生"的意思,即其来源或起源。关于人本身的事物,从柏拉图来看,有两个基本的思考方向,一个是起源(the genetic),一个是特征(the eidetic)。斐德若只关注爱若斯的出身,而这个对话从阿伽通开始直接谈论爱若斯本身,即其特征。这里斐德若关心的是爱若斯的出身和作用,爱若斯是谁,他并没有直接说明。有时候我们会直接把事物的起源等同于其特征,即"它是什么",但还是有必要区分两者。就如《圣经·创世纪》上帝创造万物,但万物各从其类。

斐德若并没有否定其他诸神,但他说在神们和人们中最伟大的是爱若斯,因为他最老、最年长,因为最年长也最好。这就是他开头要说的且看起来最重要的东西,从爱若斯的出身推演出来的。

[178a10]"因为这位神起码位列最年长者,这是一种尊荣,"他[斐德若]说,"而证据如下:既然(或因为)爱若斯的双亲不存在,也没[被]人提及过,不管常人或是诗人;不过,赫西俄德说,混沌首先生成,……"

斐德若为了赞颂爱若斯,提出了自己的证据。不过他采用的更像是哲学家的做法,而不是诗人的方式。这一段他要证明爱若斯是最年长的,爱若斯因为没有双亲,所以最年长,不管是常人还是诗人都没有人提到过它有双亲。他的证明有点奇怪,没有父母为什么还提及其出身,没有父母跟年长有什么关系? 没有父母的可能是永恒存在,永恒存在可能是不变之物,而最年长可能包含生成、变化之义。斐德若的用词很含糊,其证明有些不太合逻辑。

[178b3]不过,赫西俄德说,混沌首先生成,
在那以后,
是胸膛宽广的大地,万物永恒稳固的居处,
还有爱若斯。
混沌之后,他[赫西俄德]说,生成了这二者:大地与爱若斯。

"大地"可以翻译为"地神"、"胸膛宽广的地母"。混沌首先生成,随后就有大地和爱若斯生成,所以爱若斯并不是首先生成的。再者,他引用的诗行不全。《神谱》(116–120 行)中第一个诞生的是混沌,接着是大地该亚,大地是诸神的居所,牢靠的诸神的根基,他说的是"万物的永恒稳固的居处",诸神被斐德若漏掉了;接下来,"大地深处烟雾弥漫的塔尔塔罗斯"也被漏掉了;第四个才是爱若斯,"永生神中数他[爱若斯]最美,他使所有神和人的身体衰竭,他比任何思谋慧悟都还有力"也被略去。① 斐德若显然有意断章取义。

往下看,这里出现了异文,他先引用赫西俄德诗行,接着引用帕默尼德的。

> [178b9]而帕默尼德说到这生成(或创生、起源):"诸神中,它设计出最早的爱若斯。"

"生成",亦即前头的"出身、出生"。这个时候斐德若把爱若斯与出生、生成分开。他把"生成"看作是一个设计者,爱若斯的设计者。爱若斯之前还有"生成",生成、起源本身设计出了爱欲。"设计"也有"谋划"、"发明"之义,生成发明出爱欲。其他神都比爱若斯晚,爱若斯是最早的、最初的。生成好像并不是一个神,不是神设计出神,神来源于非神。而这个神反过来高过这个非神,因为爱若斯最早也最好,所以爱若斯比他的设计者还好。

> [178c1]阿库西勒俄斯也同意赫西俄德。

斐德若引用了三个人来证明自己的说法。斐德若之前说过,没有哪个诗人赞颂过爱若斯,这个时候他引用而且首先引用的是赫西俄德。斐德若用古诗来证明自己,有意或无意歪引,断章取义以突显爱若斯在诸神中的位置,甚至认为它高于诸神。

当代人阿库西勒俄斯同意古人赫西俄德。阿库西勒俄斯说了什么,我们不清楚。据说阿库西勒俄斯也写过《神谱》,但只留下一些残篇。斐德若引用了三个人,前面两个是诗人,后面一个是纪事家。按柏

---

① 吴雅凌,《神谱笺释》,北京:华夏出版社,2010。

拉图的笔法,处于中间可能最重要,所以自然哲人帕默尼德的说法可能是最重要的。他引用了三个人以证明爱若斯是最早的,目的明确,但证明不甚清晰。从其引用和论证来看,斐德若暴露了自己是个智性比较低的人,其引用、证明不清晰,含混,充满矛盾,这可能因为他太年轻,更可能与其性情相关。

[178c1] 因而,从许多理由来看,爱若斯被认同为位列最年长者。而因为是最年长者,对我们来说,它即是诸至善的原因(或起因)。因为我嘛,无法说出比在年轻当儿找到有益的有情人或有情人找到心仪的少年郎——更好的了。因为那应当引领意欲整个这一生过得美美的人们的,不是身世能够如此美美地注入(或植入、产生、引起),也不是荣誉,也不是财富,更不是其他任何东西,而是爱欲[这般美美地注入]。

斐德若引用了三个人以证明,这是他的结论——"爱若斯被认同为位列最年长者"。他把年长和最好联系起来,把古老和善联系起来。古老即善是一种习俗的看法,而这个少年郎也认同这个。"因为是最年长者,对我们来说,他即是诸至善的原因",实际上爱若斯不等于善,爱若斯是善的起因。往下看,他不断地说原因,他这里四句话都是用来说明原因的。

他先讲"爱若斯是诸至善的起因","至善"就是"最好";随后他讲"没有什么比这个更好",前面用的是最高级,这里是比较级,降下来了。

斐德若接下来一直采用否定性说法表示肯定。他否定了身世、荣誉、财富和其他任何东西。他的意思是想这样美美地过生活的人,引领他们的不是身世,不是荣誉,不是其他,而是爱欲所引发的那个东西。不是爱欲本身,而是爱欲所引发的那个东西引领我们过好一生。接下来斐德若谈论荣誉和羞耻,似乎荣誉和羞耻就是爱欲所引发的。从斐德若开始,爱欲与一个人一生过得好、过得美美的相关。这是斐德若的起点,准确地说,也是最基本、最重要的问题之一。年轻的斐德若意欲这一生被人爱。意欲被爱而不是爱别人是人性中的一种特质,即女人气。很明显,斐德若是一个有女人气的少年郎。

二

　　[178d1]而我这样说指的是什么呢？指的就是面对羞耻之物感到羞耻，面对美好之物热爱荣誉；因为缺乏这些，没有哪个城邦、哪个人能够达成伟大而美好的成就（或大业）。因此，我断言任何一位恋爱中的（或在爱着的）男人，若做了某些羞耻之事或因为没有男子气而没能保护自己的少年郎，很明显，他会感到如此痛苦，被父亲、友伴，被其他任何人看见，都不如被自己的情伴看见[这般痛苦]。

　　一个人怎么过得好，答案是"面对羞耻之物感到羞耻，面对美好之物热爱荣誉"。面对羞耻之物感到羞耻，面对美好之物热爱荣誉，如果没有这两样东西，不管是城邦还是个人，都没有办法成就大业。所以，城邦和个人要成就一番作为得凭靠羞耻感和荣誉感。准确地讲他没有直接地论说爱欲，他讨论的是那些恋爱中的人会做什么——因怕被情伴看见自己做了令人羞耻之事而感到痛苦。他没提及成就荣誉之事被情伴看见。另一件让有情人感到痛苦的事是，因为怯弱而没能保护情伴且被情伴看见他如此。实际上令人羞耻之事可能就是因为怯弱而没能保护情伴。反之，斐德若要宣称的是热爱荣誉与勇敢相关，而没有男子气、不勇敢的人令人羞耻。古希腊人的四重美德中，斐德若强调的是勇敢。① 城邦和个人要有所成就，就要有羞耻感、荣誉感。接下来他更多讲羞耻感，要注意的是，羞耻感并不是一种美德，羞耻感似乎是通向美德的一条路。② 显而易见，斐德若对个人和城邦的理解远不够全面。

　　斐德若讲到恋爱中的男人做了某些羞耻之事，或因缺乏男子气而没能保护自己的情伴。斐德若是个被爱的人，有情人保护情伴，也就是保护斐德若自己，所以羞耻感指的不是他自己，而是指向他的有

---

① 参施特劳斯，《德意志虚无主义》，收于《苏格拉底问题与现代性——施特劳斯讲演与论文集·卷二》，彭磊、丁耘等译，北京：华夏出版社，2008，页125、127。
② 参亚里士多德《尼各马可伦理学》1128b10－30，廖申白译注，北京：商务印书馆，2006。

情人,男子气、勇敢指的也不是斐德若的勇敢。你要能保护我,而你能成就大业就在于你能保护我。接下来他讲,如果有情人和情伴组成城邦,这就是最好的城邦之一。恋爱中的人做了羞耻之事会感到痛苦,不是怕被父亲、友伴或其他人看到,而是担心被情伴看见。对恋爱中的人来讲,其生存感觉几乎受制于情伴。比较一下《伊利亚特》中阿基琉斯与他的父亲老英雄佩琉斯的关系,阿基琉斯为什么要死在战场上,一个重要原因就是怕回去的时候父亲指责他没有打胜仗就回来。当然阿基琉斯也为自己的朋友帕特洛克罗斯而战(参《伊利亚特》6.208)。斐德若对爱欲的理解改变了这种父子关系和朋友关系。斐德若私下说没人赞颂爱若斯,这场会饮中公开提议赞颂爱若斯的是他的有情人厄里克希马库斯,而其提议就是为了讨斐德若欢心。

其中值得注意的是,斐德若说情伴看见有情人,苏格拉底忆述的第俄提玛则说有情人观看美。斐德若用了一个动词被动态,被看见,有情人害怕自己被情伴看见,第俄提玛则说有情人主动观看美。爱欲在柏拉图意义上有两个方面:生育就是结合,观看就是分离。这里的分合其实是所谓的辩证法,爱欲某种意义上就是辩证法(《斐德若》265d‑266b)。如此一来,辩证法就不是一种思考方式,而是人本身。再者,因为观看,斐德若和苏格拉底似乎都认为情伴高于有情人,并且爱欲是单向的,而厄里克希马库斯和阿里斯托芬则认为是双向的。另外注意,"动词爱(eran)形似于动词看(horan)",[1]并且二者都是主动态的,看上和爱上都是主动的。你看上一个人,某种意义上就是爱上一个人。不管怎样,在斐德若和苏格拉底看来,爱欲和观看是联系在一起的。

有人设想说,如果有情人没有被情伴看见,他会感到痛苦吗?对于那些可羞耻之物和自己的胆怯,如果没有被自己的情伴看见,他会感到痛苦吗?刚才讲过,斐德若并没有直接谈论爱欲是什么、爱若斯是什么,他谈论的都是恋爱中的人怎样,他们的羞耻感、荣誉感,还有痛苦,所谈论的就是从卢梭、浪漫主义到尼采乃至我们这个时代所谓的生存情绪。而苏格拉底则热衷于讨论人的美德。斐德若也提及美德,但其

---

① 伯纳德特,《苏格拉底与柏拉图:爱欲的辩证法》,张文涛译,刘小枫、陈少明主编《经典与解释8:苏格拉底问题》,北京:华夏出版社,2005,页167。

生存情绪似乎高于美德;①美德中他只关注勇敢。

[178e1]且我们也看见,对被爱者来说,情形同样如此,即他尤其羞愧于有情人(或爱者),一旦[他]被看见处于某种羞耻之物中。因而,倘若某个法子生效了,[以至于]创生了有情人和情伴组成的城邦或军队,[则]没可能会有比[他们]自个儿治理的城邦更好的了;因为[他们]远离(或避免、戒除)可羞耻之物且在彼此面前热爱荣誉,此外,要是[他们]一同作战,尽管人数不多,[也能]战胜几乎所有人。因为恋爱中的男子临阵脱逃或丢盔弃甲时,相比被其他所有人[看见],他可能更不愿被情伴看见,甚而他更愿意选择(或宁愿选择)当初死了许多回,而不是[临阵脱逃或丢盔弃甲]。

这里斐德若也讲到情伴羞于被有情人看见自己处于某种可羞耻之事中,但他没有讲到情伴的痛苦。进而,他说如果有法子让有情人和情伴组成城邦或军队,则没有比之治理得更好的城邦了。斐德若以为最好的城邦的治理者、统治者即有情人和情伴,他们拥有羞耻心,在彼此面前都有热爱荣誉之心。此外,少数有情人和情伴组成的军队以寡胜多,战无不胜。有情人在战场上羞于被情伴看见自己没有男子气,因而勇猛御敌,宁可死也不会临阵脱逃或丢盔弃甲。此处斐德若的灵魂学似乎是爱欲引发有情人(不是情伴)的羞耻心(没提及热爱荣誉)而勇敢御敌。勇敢美德并非直接源于爱欲。再者,最好的城邦似乎与有情人在战争中的勇敢美德相关。而有情人作为治理者、统治者怎样治理城邦的其他美德则没有提及。这个时候爱欲与政治相关了,前面与个人有关。有情人与情伴组成的城邦或军队能治理得更好,是更好的城邦,这说明这种爱欲是一种更好的爱欲。除了管理好自己的城邦,他们还能对外打仗。"他(有情人)更愿意选择死了许多回,而不是临阵脱逃或丢盔弃甲。"斐德若似乎认可荷马史诗的英雄美德,宁可死也不愿意逃跑,可要注意这里他讲的不是战场上的问题,而是爱欲问题,是为

① 参施特劳斯,《现代性的三次浪潮》,收于刘小枫编,《苏格拉底问题与现代性——施特劳斯讲演与论文集:卷二》,彭磊、丁耘等译,北京:华夏出版社,2008,页42-43。

了证明爱欲的优异,也是强调自我牺牲。接下来,他讲到阿尔刻提斯为丈夫而死,俄耳甫斯不愿意为妻子而死,阿基琉斯愿意为好友而死,以此强调爱欲与自我牺牲的关联。①

> [179a5]而且,无论如何,丢下少年郎或不搭救身处险境中的少年郎——没有人这么坏(或怯弱),以至于这爱若斯自身没能引领这位受神激励的他朝向美德,就像是天性上最好的人。且确如荷马所说,"这位神吹(或注入)[一股]勇气"给一些英雄,爱若斯给恋爱中的人注入了来自爱若斯自个儿的这东西(指勇气)。

前面斐德若讲在战场上有情人羞于被情伴看见自己的可耻行为,所以宁愿死也不愿临阵脱逃或丢盔弃甲。这里他讲受神激励的有情人就像是天性最好的人,一定会被爱若斯引向勇敢美德,从而无论如何不会丢下或不搭救身处险境的作为少年郎的情伴。"受神激励"指的是恋爱中的男人即有情人,他一定会被爱若斯引领而朝向勇敢这种美德,有情人一定是勇敢之人,因而天性上最好的人可能指的是勇敢的人,而坏人就是怯弱、胆怯之人。有情人身上的勇敢美德来自爱若斯的引领,他用荷马来证明;但是要注意荷马笔下的那些神一个是雅典娜,还有一个是阿波罗——并不是爱若斯,他们给英雄而不是有情人鼓起勇气,这让我们想到随后斐德若会提及的阿基琉斯。

斐德若说由有情人和情伴组成的城邦将会是更好的城邦,他们热爱荣誉,仅凭少数人就可以战胜几乎所有人,这种由少数人治理的城邦看起来像贵族政制。可是这些少数人具备的最高美德是勇敢,而且后来我们发现,这些少数人更热爱的不是荣誉,而是利益,特别是情伴。所以,一开始我们以为斐德若的最好城邦是贵族政治,其实是寡头政治。"寡头"这个词在希腊文就是"少数人"的意思,贵族政治和寡头政治都是少数人的统治,但贵族政治指向荣誉,寡头政治指向利益。

有情人和情伴如果组成城邦或军队,那就是共同体生活;如果有情人和情伴自个儿一块生活,那就是私人生活,但是关于私人生活呢,斐德若讲得很少。他主要讲的是有情人和情伴组成的城邦,因为爱若斯似乎只引领有情人朝向勇敢美德,而如果有情人要展现自己的勇敢美

---

① 参施特劳斯,《德意志虚无主义》,前揭,页105、127。

德,最重要的场所是战场。斐德若本来想证明的是他和体弱的医生厄里克希马库斯日常生活中的爱欲,可是体弱的他借助的是战场故事。斐德若想证明私人生活中爱欲的优异,可是他没办法证明,所以他只能借助于假设爱欲所引发的良好的共同体生活——自"倘若有某个法子生效"始,接下来全部是假设语句。斐德若假设有情人和情伴组成城邦,特别是在城邦的对外战争中爱欲一定能够引领有情人朝向勇敢美德。他之前看重的是羞耻感和荣誉感,羞耻感和荣誉感恰恰与勇敢有关,特别是荣誉感。后面第俄提玛教给苏格拉底的关于爱欲的秘密知识事关私人生活的幸福。苏格拉底则在《王制》中与人讨论美好的共同体生活即最好城邦。这里,斐德若以假设共同体生活的美好来证明爱欲所引发的私人生活的优异。苏格拉底则完全可以证明私人生活的美好,一个人能过得美美的;苏格拉底与人讨论的美好共同体生活也是假设性的,不过这个假设是基于私人生活的优异。

三

[179b4]此外,唯有恋爱中的人们肯为人而死,不用说男子如此,甚且女子们[亦如此]。珀利阿斯的女儿阿尔刻提斯则为了这样一番说法(或论证)向希腊人提供了这充分的证明,唯有她愿意为自己的男人而死,尽管他有父有母,她却因为爱欲在情谊(或情义)上远超他们(指父母),以至于表明他们是儿子的陌路,而仅[与他]在姓氏上相关。不单是人,就连在诸神看来,她达成的这成就(或行为),也是如此之美,以至于尽管许多人的成就多且美,神们唯独给少数人这份报偿——送其灵魂从哈得斯返回地上,神们惊叹于其成就(所为或行为),而送她的灵魂上来。所以神们也尤其看重关乎爱欲之诚心和美德。

斐德若仅仅关注单一的勇敢美德。再者,他一直使用"唯有"这个词,说话看起来很决绝。他再度采用例证法,以证明爱欲与死(指自我牺牲)的关联。他举的第一个例子,父母健在但不愿意为阿德墨托而死,而妻子阿尔刻提斯因为爱欲愿意为丈夫赴死。夫妻之间的爱欲在情谊上超过父子、母子之间的血缘关系。斐德若再次提及人们之间的爱欲超过血缘伦理。神们惊叹于阿尔刻提斯因爱欲而死所达成的如此之美的成就,送其灵魂从哈得斯返回地上,"神们唯独给少数人这份报偿"。多而美的成就中,唯有阿尔刻提斯愿意因爱欲而死的成就最美且最令神们惊叹。再者,神们看重阿尔刻提斯这一非凡的成就或作为所表现出来的爱欲之诚心和美德。这里美德显然指因爱欲而勇于自我牺牲。阿尔刻提斯为自己的丈夫而死,斐德若没有提到其他美德,仅提到其报偿,也没有提到之前的羞愧感、荣誉感。斐德若两次提到"唯有",意指阿尔刻提斯因爱欲而自我牺牲是少数人的勇敢美德,进而赞颂爱欲的独特作用——引发美的作为与美德。

[179d2]而神们从哈得斯打发走未能得偿所愿的俄阿格洛斯的儿子俄耳甫斯,尽管神们显现了其妻(或女人)的魂影——他为她而来,但他们没给出她本身,因为[他]看起来怯弱——就因为他是个基塔拉琴师,甚而不敢像阿尔刻提斯那样为了爱欲而死,而是想方设法活着前往哈得斯。他们为此惩罚他,甚且,他们让他死于女人之手;[也]不像他们看重忒提斯的儿子阿基琉斯,送[他]前往福人岛。

接下来,斐德若讲了一个反面例子,涉及一个男人,而且是个非常著名的诗人。神们没有给出俄耳甫斯救妻子的例子,因为他看起来怯弱,他为什么怯弱呢?因为他是一个琴师。俄耳甫斯不想死,他活着进入了冥府,所以他比阿尔刻提斯怯弱——不敢为了爱欲而死。俄耳甫斯"想方设法",什么意思?他用音乐迷倒了冥府中的那些怪物。我们知道欧洲文学史上活着去冥府又回来的有奥德修斯、《埃涅阿斯纪》中的埃涅阿斯,还有但丁,俄耳甫斯也是,活着去又活着回来。而斐德若对他不满的原因是他没有为爱欲而死,因此神们让他不能得偿所愿,只为他显现其妻的魂影便打发走他。神们还为此惩罚了他,甚且"让他死于女人之手",因为他不愿为女人而死。斐德若没有直接提及俄耳甫斯的爱欲,其中可能暗指他因为没有爱欲所以怯弱。没有爱欲的诗人俄耳甫斯不如女人阿尔刻提斯,也不如英雄阿基琉斯。神们看重阿尔刻提斯,给她的报偿是送她的灵魂上来;他们看重阿基琉斯,送他去福人岛。① 福人岛

---

① 参荷马,《奥德赛》4.561－569,王焕生译,北京:人民文学出版社,1997;亦参赫西俄德,《劳作与时日》170－173,见吴雅凌撰,《劳作与时日笺释》,北京:华夏出版社,2015。

就是幸福的岛屿,这是英雄们聚集的地方。英雄们指那些具有最崇高的美德的人。

这两段一个最基本的问题就是为爱欲而死。柏拉图的另一个对话《斐多》处理死亡问题。在柏拉图笔下爱欲通向哲学,死亡亦通向哲学。在爱欲和死亡的关系上,斐德若与柏拉图的处理有一点是相似的,即斐德若说为爱欲而死有报偿——灵魂从哈得斯上来或前往福人岛,隐含灵魂可能不朽之义,但他没有直接这样讲。

奇怪的是,他之前证明爱若斯最古老且最好,而且是美德的原因,但因爱欲而死的阿尔刻提斯与阿基琉斯,他们的报偿却来自诸神,因为诸神让为爱欲而死的人的灵魂变得不朽。所以人不是因着爱欲而不朽,而是因着为爱欲死而不朽,灵魂的不朽来自诸神而不是爱若斯,以至于这个时候诸神似乎反过来高于爱若斯。

还有一个奇怪之点在于,"尽管他有父有母,她却因为爱欲在情谊上远超他们,以至于表明他们是儿子的陌路,而仅与他在姓氏上相关"。在"爱欲"上还有"情谊",搞不清楚"爱欲"是高于"情谊",还是低于"情谊"。

再者,就是之前斐德若说人要美美地过一生,要靠爱欲激发的东西来引导,有所成就。这里斐德若就讲到了,"不单是人,就连在诸神看来,她达成的这成就,也是如此之美,以至于尽管许多人的成就多且美,神们唯独给少数人这份报偿——送其灵魂从哈得斯返回地上"。阿尔刻提斯的"成就"指的就是为爱而死,这个"成就"在希腊文原文就是"作为、行为"。往下看就是俄耳甫斯的无所成就,第一句话很重要,"神们从哈得斯打发走未能得偿所愿的俄阿格洛斯的儿子俄耳甫斯","未能得偿所愿"跟我刚才讲的"报偿"联系在一起,但是这个词还有一层更重要的含义,前面这个是一个否定的前缀,后面这个把它译成"完整"、"结束"、"死亡"、"目标"、"实现"、"成果",指的是一个东西成熟的状态,还有一层含义是"秘教",即秘密宗教。斐德若说"俄耳甫斯未能得偿所愿"就是要亵渎以俄耳甫斯作为秘教的这个信仰,少数人的信仰。要注意的是,其中有个原因就是斐德若之前说的,没有诗人为爱若斯唱诵赞歌。可我们知道俄耳甫斯及俄耳甫斯教均常常赞颂爱若斯。①

---

① 参吴雅凌编译,《俄耳甫斯教祷歌》,北京:华夏出版社,2006,页107-108;亦参阿里斯托芬的《鸟》第一插曲,杨宪益译,收于《古希腊戏剧选》,北京:人民文学出版社,2008。

这里仍然是男人和女人的故事，前面是女人为男人，后面是男人不敢为女人而死，接下来讲男人为男人而死。这三个例子有一个共同的东西是，爱欲与幸福相关：你敢为爱而死，就幸福，有报偿；不敢呢，就不幸，死于女人之手。爱欲和幸福联系在一起，这个主题基本上六位赞颂爱若斯的人都会涉及，可是要明白的是，到底应该怎样理解爱欲，什么样的爱欲才跟幸福有关呢？这恰恰是个难题。他看不起俄耳甫斯，只因为他太怯弱，不敢为爱而死。所以斐德若说爱欲与幸福的关系仍然基于勇敢美德，只有勇敢的人才能过得幸福。再者，神们惩罚俄耳甫斯不敢为爱而死，在希腊文原文中"惩罚"这个词还有一层含义，就是"正义"，两层含义是连在一起的，意指俄耳甫斯不敢为爱而死，他是一个不义之人，并因而不幸，正义之人才幸福。所以，为爱而死即正义。

最后补充一点，上面斐德若提到阿尔刻提斯的灵魂被诸神送上来，"灵魂"这个词第一次出现。谈论爱欲本来就应该谈论灵魂，但在《会饮》中谈论爱欲基本不直接谈及灵魂问题。《斐德若》中关于爱欲的讨论，触及到了复杂的灵魂问题。

[179e2] 因为尽管他已从母亲处得知，即若他杀死赫克托耳，他也会被杀死，而若他不这么做，他就能回返家园，终享天年，他[却]勇于选择援助（或赴援）这有情人帕特洛克罗斯，且替其复仇，不仅勇于为其而死，且勇于随命终者（或永终者、终结者、完结者）而死。为此呢，神们尤为倾慕且无比敬重他，因为他为这有情人做了如此之多。埃斯库罗斯称阿基琉斯爱着帕特洛克罗斯[而不是相反]是胡扯，阿基琉斯不仅比帕特洛克罗斯美，甚且比所有其他英雄都美，并且他还没胡子，要（比帕特洛克罗斯）年少得多，正如荷马所言。

"终享天年"这个词来自《庄子·大宗师》，也可以翻译为"终其天年"，原文有"结束"之义。阿基琉斯可以选择不死在特洛伊，回返家园，终享天年。"赴援"有一层含义是，抢回帕特洛克罗斯的尸体，然后给他举行葬礼，而不是和他一起作战，因为他已经死了；还有就是维护他的名声、荣耀。阿基琉斯和帕特洛克罗斯从小一起学习、长大，荷马并没有说他们是有情人与情伴。据说第一个认为他们有类似关系的是悲剧诗人埃斯库罗斯，但很明显地说出来的是柏拉图《会饮》中的斐德若。斐德若赞赏的是阿基琉斯的第一个选择:"且替其复仇,不仅勇于为其而死,且勇于随命终者而死。"在他眼中情伴阿基琉斯尽管知道杀死赫克托尔后自己也会被杀死,仍然选择为有情人帕特洛克罗斯复仇而死。因为爱欲,情伴才会为有情人赴死,阿基琉斯勇于赴死,他更勇敢的是为已死的有情人而死,这种勇敢美德的基础被认为是爱欲——爱欲是美德的原因。"神们尤为倾慕且非凡地敬重他","非凡"、"尤为"这一类词之前都没有出现过。相较于阿尔刻提斯,神们更为敬重阿基琉斯并且尤为倾慕他。斐德若从神们的眼光来看从而提升了阿基琉斯的地位。"敬重他"也可以翻译为"给他荣誉",即阿基琉斯的荣誉来自神。"正如荷马所说",荷马的确说阿基琉斯要小一些,但荷马并没有说阿基琉斯和帕特洛克罗斯是有情人与情伴,斐德若却以此作为论证的依据。斐德若的证明引用荷马以批评埃斯库罗斯,说他在胡扯,但从荷马的诗行来看恰恰是斐德若在胡扯,他有意通过误解荷马来批评埃斯库罗斯。

并且,他说阿基琉斯没有胡子且更美甚至是英雄们中最美的,亦即阿基琉斯是最美的情伴。前面斐德若提到阿尔刻提斯出于爱欲为丈夫而死之行为美。他没提及阿基琉斯的行为或成就的美,而提到阿基琉斯本身最美。情伴是最美的而且年轻,让我们想到阿伽通,阿伽通说爱若斯是因为最年轻所以最美。斐德若意指情伴比有情人更年轻也更美,情伴有可能亦优于有情人。再者,斐德若可能还暗示作为情伴的英雄阿基琉斯和作为有情人的英雄帕特洛克罗斯组成的城邦或军队可能是更好的甚至最好的城邦或军队。

斐德若举了三个例子,贬低了俄耳甫斯,赞美了阿尔刻提斯和阿基琉斯。其中有一个差别就是神们给他们的报偿不一样,神惩罚了俄耳甫斯,让阿尔刻提斯还魂,而让阿基琉斯去了福人岛。这三个例子都说明人的爱欲与幸福由诸神评判。俄耳甫斯去冥府救他的妻子,没有直接提到其爱欲,但因为夫妻关系而可能隐含着爱欲。如果说俄耳甫斯有爱欲,那他的爱欲跟勇敢美德就没有关系,他并没有因为爱欲产生美德。看来,爱欲不一定产生美德,而是有一种比爱欲更高的东西——天性,亦即有可能俄耳甫斯天性怯弱,他虽然有爱欲,但他并不勇敢。他之前已经讲到由有情人与情伴组成的军队有可能是最优秀的,而这样产生的美德接近于天性最好的人。并且,神们评判的标准似乎并非爱欲,而是美德,阿尔刻提斯勇敢,阿基琉斯也勇敢,所以神们给他们报偿,而俄耳甫斯怯弱,所以神们惩罚他。

[180a7]无论如何,尽管神们的确非常敬重这关乎爱欲的美德,一旦被爱者喜欢上爱者,神们定然更为惊奇、惊叹(或赞叹)且好生对待,而非当爱者喜欢上少年郎。因有情人比少年郎更有神样,因神在其中(或受神激励)。为此,他们敬重阿基琉斯胜于阿尔刻提斯,送他前去福人岛。

[180b6]所以,唯独我哩,宣称爱若斯在神们中最年长、最受敬重且最具权能,关乎活着与命终的(或死了的)人们获取美德与幸福。

斐德若把爱欲和美德关联在一块儿,可神们定然更为惊奇、惊叹(或赞叹)且好生对待的并非这个,而是"一旦被爱者喜欢上爱者"。斐德若在此似乎否定了之前的所有证明。这里,他用的不是"爱欲"而是"喜欢",斐德若似乎说"喜欢"高于"爱欲"。神们很敬重这关乎爱欲的美德,神们因而惊叹于阿尔刻提斯因爱欲为丈夫而死的成就,但神们更惊奇、惊叹的是情伴喜欢上有情人而非相反。斐德若贬低了阿尔刻提斯的爱欲。这好奇怪,斐德若本来是要赞颂爱若斯的,这时候他贬低了爱若斯,背后的原因据说是斐德若要证明自己作为情伴的价值。如此,他的论证受制于其私利,无意中贬低了爱欲,"喜欢"高于爱欲。接下来他的说法也很奇怪,神们惊奇、赞叹、好生对待情伴,因为有情人比情伴更有神样,因为爱若斯在有情人身上,情伴喜欢上有情人身上的爱若斯。最令神们惊奇、惊叹的是喜欢—爱欲的情伴。

有人认为说,斐德若可能要说的是情伴更虔敬,反过来呢,有情人爱上情伴,但情伴身上没有爱若斯,这就不虔敬。无意中,斐德若出于自己的私利,贬低了爱若斯,受困于自己的私利,准确讲受困于自己的性情,他的性情中实则没有爱欲。再者,如果爱欲与美德相关,斐德若身上可能也没有什么善,简单讲,斐德若看起来是一个不咋地的人。

可我们得注意,"爱欲"是柏拉图的重要词汇之一,"喜欢"、"喜爱"则是《圣经》中最重要的词汇之一。

颂辞的结尾亦是其最后的总结,他强调自己宣称——这是他第二次宣称(参178d4)——爱若斯最年长、最受敬重且最具权能,关乎活着与命终的(或死了的)人们获取美德与幸福。斐德若第一次也是唯一一次提及爱若斯的权能,爱若斯像是统治者,关乎活着或死了的人获取美德与幸福。死了的人如阿尔刻提斯和阿基琉斯取得了幸福;但活着的人中获取幸福的并不是俄耳甫斯,是谁呢,他并未证明。

有人说斐德若这篇讲辞是一篇炫示性的演讲。在亚里士多德的《修辞学》里讲到了三种演讲:一种是炫示性的,很会说话的人当众表演;还有一种是法庭上替人申辩;再就是公民大会上的政治演说。

最后讲一点,斐德若提议赞颂爱若斯,最后反而贬低了爱若斯,是因为私利? 或者说是其不自觉的自相矛盾,即不认识自己。这有可能是出于私利的牵绊,这个私利其实就是性情的障碍,即不自觉地自相矛盾,也就是不认识自己;而准确讲这两个问题也相关,性情的障碍和不认识自己,准确讲可能是一回事。斐德若本身是一个无爱欲之人,因而由他赞颂爱若斯,反而可能会贬低爱若斯。身上无爱欲的人怎么懂得爱欲是什么,因而他可能贬低爱欲而反过来赞颂没有爱欲的人,即赞颂自己。可是无爱欲之人无法认识自己,斐德若赞颂自己,为自己辩护乃是出于私利,因而是无效的。这个问题跟柏拉图的《阿尔喀比亚德前篇》联系在一起。《阿尔喀比亚德前篇》有两个关键问题,就是关心你自己和认识你自己,关心你自己基于认识你自己,[①]而认识自己呢,基于天生的爱欲。这种爱欲在柏拉图的意义上就是爱智慧,爱智慧可能就是认识你自己,认识你自己可能就是爱自己。[②]

---

① 柏拉图,《阿尔喀比亚德》,梁中和译/疏,北京:华夏出版社,2009,129a。
② 施特劳斯,《论柏拉图的〈会饮〉》,前揭,页328。

从"六诗"到"六义"

周春健*
（中山大学哲学系）

摘 要： "六诗"和"六义"，是《诗经》学的两个基本问题。这两个命题，又关涉《诗经》学的其他重要问题，比如《诗》之体制结构、《诗》之早期传述方式等。有学者认为"六诗"和"六义"实质为一，有学者则以为二者两分，将"风、雅、颂"与"赋、比、兴"对举，尤以唐人孔颖达之"三体三用"说影响为最大。按照今人王昆吾的研究，"六诗"之分原是《诗》的六种不同传述方式，"风、赋"为诵诗方式，"比、兴"为歌诗方式，"雅、颂"为奏诗方式。从"六诗"到"六义"，经历了一个乐教成分逐渐弱化、德教成分不断加强的过程。《诗》的这些传述方式，在今日《诗》文本中依然有所显现，"赋、比、兴"三体并未消亡。《关雎》、《行露》等诗或许并不存在"错简"或"脱简"现象，其首章乃是"比、兴"之传述方式所带来的作为"单行章段"的回环复沓形式。将《诗经》放置到周代礼乐制度的大背景下，从音乐的角度讨论《诗》之早期流传，是一条较为本质的路径。

关键词： 《诗经》 六诗 六义 西周 礼乐文明 经学

"六诗"和"六义"，是《诗经》学的两个基本问题。这两个命题，又关涉《诗经》学的其他重要问题，比如《诗》之体制结构、《诗》之早期传述方式等；明了此一问题，又可以帮助解决《诗经》学史上的一些聚讼不已的公案，比如"赋比兴"之存亡论、《诗经》中某些诗篇的"错简"说等等。

---

* 作者简介：周春健（1973 - ），男，山东阳信人，历史学博士，中山大学哲学系教授、博士生导师，主要研究四书学、诗经学、文献学。

一、"六诗"、"六义"异同论

"六诗"的提法来自《周礼·春官·大师》,云:

> 大师掌六律、六同,以合阴阳之声。……教六诗,曰风,曰赋,曰比,曰兴,曰雅,曰颂。以六德为之本,以六律为之音。

"六义"的提法来自《毛诗大序》,云:

> 故诗有六义焉:一曰风,二曰赋,三曰比,四曰兴,五曰雅,六曰颂。上以风化下,下以风刺上,主文而谲谏,言之者无罪,闻之者足以戒,故曰风。至于王道衰,礼义废,政教失,国异政,家殊俗,而"变风""变雅"作矣。
>
> ……是以一国之事,系一人之本,谓之风;言天下之事,形四方之风,谓之雅。雅者,正也,言王政之所由废兴也。政有小大,故有小雅焉,有大雅焉。颂者,美盛德之形容,以其成功告于神明者也。是谓四始,诗之至也。

不难看出,《诗序》"六义"之说乃从《周礼》"六诗"之说而来,从名称到顺序皆无二致。然而,六者各自所指,历代却有不同解说。今人冯浩菲曾将历代诸说区分为"六义与六诗相同论"和"六义两分论"。①

1. "六义"与"六诗"相同论

持此一说法者,有如下诸家。唐人孔颖达解《毛诗序》云:

> 上言《诗》功既大,明非一义能周,故又言《诗》有六义。《大师》上文未有"诗"字,不得径云"六义",故言"六诗"。各自为文,其实一也。②

---

① 冯浩菲,《历代诗经论说述评》,北京:中华书局,2003,页42。
② 李学勤主编,《十三经注疏》(标点本):《毛诗正义》,北京:北京大学出版社,1999,页11。

又,宋人朱鉴《诗传遗说》云:

> 大师掌六诗,以教国子,曰风,曰赋,曰比,曰兴,曰雅,曰颂,而《诗大序》谓之六义。盖古今声诗条理,无出此者。①

又,宋人严粲《诗缉》云:

> 孔氏谓风、雅、颂皆以赋、比、兴为之,非也。《大序》之六义,即《周官》之六诗。②

如上三家,虽时代不同,但皆以"六义"乃顺承"六诗"而来,并且认为二者所指相同,是一回事。冯浩菲认为:

> 《周礼》的"六诗"与《诗序》的"六义",两者有继承关系,但不是仅仅以同义词错落替代,而是改造性继承,所以"六诗"与"六义"是两个有继承关系的不同的概念,而不是两个形异义同的相同的概念。"六诗"是指对当时所产生及存在的诗篇所作的分类,六类诗并列,等级相同,不存在体辞、经纬之类的关系。……至于《诗序》的"六义",当是对"六诗"的改作,两者是不同的概念。③

于是,有了《诗经》学史上对于"六义"说解的"三体三用"、"三用三情"、"三经三纬"诸说。

2. "六义"两分论

有学者注意到了《诗经》传世文本中唯有"风、雅、颂"三种体裁,而未见"六诗"中与之并列的"赋、比、兴"三类。为解释这一矛盾现象,研究者提出了"三体三用"、"三用三情"、"三经三纬"等各种说法。④

---

① [宋]朱鉴,《诗传遗说》卷三,文渊阁四库全书本。
② [宋]严粲,《诗缉》卷一,文渊阁四库全书本。
③ 冯浩菲,《历代诗经论说述评》,前揭,页44-47。
④ 参冯浩菲,《历代诗经论说述评》,前揭,页53。

第一，持"三体三用说"者，有如下诸家。唐人孔颖达《毛诗正义》云：

> 风、雅、颂者，诗篇之异体；赋、比、兴者，诗文之异辞耳。大小不同而得并为六义者，赋、比、兴是诗之所用，风、雅、颂是诗之成形。用彼三事成此三事，是故同称为"义"，非别有篇卷也。[1]

又，南宋郑樵《六经奥论》云：

> 风、雅、颂，诗之体也。赋、兴、比，诗之言也。[2]

所谓"三体三用"，即以"风、雅、颂"为三种诗歌体裁，而以"赋、比、兴"为三种写作手法。此说经孔颖达首倡，影响甚大，是直至于今日最为普遍的说法。至于"赋、比、兴"作为三种写作手法，朱子的解说对后世影响最大。朱熹在《诗集传》中解说三者云：

> 赋者，敷陈其事而直言之者也。（《周南·葛覃》）
> 比者，以彼物比此物也。（《周南·螽斯》）
> 兴者，先言他物以引起所咏之辞也。（《周南·关雎》）

第二，持"三用三情说"者，有如下诸家。唐人成伯玙《毛诗指说》云：

> 风、赋、比、兴、雅、颂，谓之六义。赋、比、兴是诗人制作之情，风、雅、颂是诗人所歌之用。[3]

又，宋人辅广《诗童子问》云：

> 此一条盖三百篇之纲领、管辖者。风、雅、颂者，声乐部分之

---

① 李学勤主编，《十三经注疏》（标点本）：《毛诗正义》，前揭，页12-13。
② ［宋］郑樵，《六经奥论》卷三，文渊阁四库全书本。
③ ［唐］成伯玙，《毛诗指说》，文渊阁四库全书本。

名,而三百篇之节奏实统于是而无所遗,故谓之纲领。赋、比、兴者,所以制作风、雅、颂之体,而三百篇之体制实出于是而不能外,故谓之管辖。①

"三用三情说"与"三体三用"说,虽然表述上有所差异,但都认为前三项内容与后三项内容不是并列关系,而是从属关系。辅广之说与成氏之说,亦是说法有别,实质无异。

第三,持"三经三纬说"者,有如下诸家。宋人朱熹《朱子语类》云:

> 或问"诗六义"注"三经三纬"之说,曰:"三经是赋、比、兴,是做诗底骨子,无诗不有,才无,则不成诗。盖不是赋,便是比;不是比,便是兴。如风、雅、颂,却是里面横串底,都有赋、比、兴,故谓之三纬。"②

又,宋人辅广《诗童子问》云:

> 三经谓风、雅、颂,盖其体之一定也。三纬谓赋、比、兴,盖其用之不一也。③

有学者以为,《朱子语类》中所载或有讹误,与朱子其他地方的论说不尽吻合。而辅广之《诗童子问》,则据自己平日问学于朱子所成,又有元人刘瑾《诗传通释》文字作为旁证,④则知朱子之本意当以"风、雅、颂"为三经,以"赋、比、兴"为三纬。而这一说法,与对后世影响最大的孔颖达所谓"三体三用"说,其实又不谋而合。

冯浩菲如此评述"三体三用"、"三用三情"、"三经三纬"诸种说法:

---

① [宋]辅广,《诗童子问·卷首》,文渊阁四库全书本。
② [宋]朱熹,《朱子语类》卷八十,朱杰人等主编,《朱子全书》第十七册,上海:上海古籍出版社,合肥:安徽教育出版社,2002,页2470。
③ [宋]辅广,《诗童子问·卷首》,文渊阁四库全书本。
④ [元]刘瑾,《诗传通释·卷首》云:"三经是风、雅、颂,是做诗底骨子。赋、比、兴却是里面横串底,都有赋、比、兴,故谓三纬。"

表述不尽相同,实质无异,都将风、雅、颂看作三个诗类名,将赋、比、兴看作三个写法名。这些说法本来都是为解释《诗经》只有风、雅、颂三类诗而《诗序》却称"六义"这一矛盾现象而提出的,但三家都企图以此既解"六义",又解"六诗"。实际效果是,用以解"六义",完全符合;用以解"六诗",却抵牾不通。原因很简单,"六义"与"六诗"本是两个不同的概念,而三家却误以为是同义语了。①

既然两者含义不同,那么"六诗"与"六义"各自所指究竟为何,便是接下来需要解决的问题了。

二、何为"六诗"？何为"六义"？

学界讨论"六诗"与"六义"的含义,有着不同的角度。从分组标准看,有学者按照通行的"三体三用"之说,将"风雅颂"与"赋比兴"两分,对举展开分析;有学者则按照"六诗"原初的排列顺序,将六者分为"风赋"、"比兴"、"雅颂"三组进行讨论。从分析着眼点看,有学者注重从语法角度解释《诗大序》中对于"赋比兴"解说的失落,有学者则注重将"六诗"、"六义"的含义与周代礼乐制度甚至更早的巫术宗教祭祀仪式联系起来。

冯浩菲认为,

《诗》三百篇编成于春秋中期,只选收了盛行于周代的风、雅、颂三类诗,略去了其他类型的诗作。它与产生于西周前期的六诗分类系统已经多有不同。当时孔门师徒研习《诗》三百篇,已经注意到了这种区别,因此《大序》的作者论述诗理时没有机械地照引"六诗"这个词语,而是着意加以改造,易为"六义"。六义的意思是指有关《诗》三百篇的六个重要事项,而不是指六类诗。因为三百篇中只有风、雅、颂三类诗,而没有赋、比、兴之诗。在《大序》作者看来,《诗》中的风、雅、颂代表诗作的类名或体裁名,而赋、比、兴只是用于风雅颂中的三种写作方法。这里就存在着主从关系。

---

① 冯浩菲,《历代诗经论说述评》,前揭,页57。

正因为如此,所以《大序》在"六义"名目之后紧接着对风、雅、颂的名义分别作了阐释,却只字不再提赋、比、兴。解主见从,主明则从亦明,此乃训诂性文字之常法。①

冯先生以为从"六诗"到"六义"经历了一场"改作","六诗"指六种诗体,"六义"指六个事项,"六义"之中仅存三体(即风、雅、颂)。而《诗大序》中之所以没有对赋、比、兴进行解释,是因为赋、比、兴处在从属地位。按照训诂常法,解释了处于主要地位的风、雅、颂的含义,赋、比、兴之义自然显明。至于《大序》作者为何没有改变"风、赋、比、兴、雅、颂"的排列顺序,在冯先生看来,是因为:

> 首先,风、赋、比、兴、雅、颂的次序,是传统的排列法。改变含义和提法,变"六诗"为"六义",而不改变旧次,在《大序》作者看来,于事无妨,而且可以让学人借此了解到前后两个提法的继承改造关系。
>
> 其次,《周礼》的"六诗"是对整个诗作所作的分类,而"六义"只是针对《诗》三百篇提出的新概念。学人根据《诗》三百篇的风、雅、颂分类结构来理解《大序》的六义,实际上三体三辞或三经三纬的界线很清楚,不会发生混淆,故不烦改变六个项目的次序。
>
> 还有,正像《大序》是针对全《诗》而言的却镶嵌在《关雎序》之内并不嫌失次累赘的一样,《大序》六义的赋比兴作为三辞或三纬保留在"风"后"雅"前的原位上亦不嫌失次和零乱。要知道,《诗序》是训诂性的文字,而不是一般性的论著。一般性的论著在行文上讲究段落结构的次序性和严整性,训诂性的文字却允许因利就便,灵活处理。②

冯先生的这一解释,显然是受了传统"三体三用"说的影响,将"风、雅、颂"与"赋、比、兴"二分,并且将"六义"次序同于"六诗"解释为训诂性文字在表达上的习惯。

然而在这中间,终究还有许多疑问需要解答:比如虽然皆言"六

---

① 冯浩菲,《历代诗经论说述评》,前揭,页57。
② 同上,页58。

诗"均为诗体,但"风、赋、比、兴、雅、颂"究竟该是怎样的体裁? 比如"六诗"次序的排列为何是"风、赋、比、兴、雅、颂"而不是"风、雅、颂、赋、比、兴"? 比如"赋比兴"三体,在今日《诗》文本中是否真的毫无痕迹? 比如从"六诗"到"六义",《诗》文本究竟经历了怎样的演化? 等等。

今人王昆吾曾撰《诗六义原始》一文,对上述问题有较深入研究。他的问题意识来源于:

> 古老的风、赋、比、兴、雅、颂在不同时代乃是不同的概念:一是《诗》编成之前的"六诗"的概念,二是《诗》编成之后的"六义"的概念,三是《诗》成为经典之后的三体三用的概念。从"六诗"到"六义",其间有一个内涵变化的过程。对风、赋、比、兴、雅、颂的理解之所以会成为历史悬案,乃因为几千年来人们都忽视了这一过程的存在。[①]

王先生将"六诗"置于周代礼乐制度的文化背景之下,作了一番严密考索,他据《周礼》所载,认为:

> 大师所教的"六诗",同大司乐所教的"乐语",是既有联系又有区别的两套教学项目。乐语为"兴、道、讽、诵、言、语",是对国子进行音乐与语言训练的项目;六诗为"风、赋、比、兴、雅、颂",是对瞽矇进行语言与音乐训练的项目。……六诗之所以特别讲求音律,乃因为六诗之教的目的是造就能胜任祭礼乐事的技术人才,而非善于言语应对的行政人才。……比照大司乐施于国子之教的"乐语"("兴、道、讽、诵、言、语"),我们可以求得"六诗"的原始涵义。六诗之分原是诗的传述方式之分,它指的是用六种方法演述诗歌。"风"和"赋"是两种诵诗方式——"风"是本色之诵(方音诵),"赋"是雅言之诵;"比"和"兴"是两种歌诗方式——"比"是赓歌(同曲调相倡和之歌),"兴"是相和歌(不同曲调相倡和之歌);"雅"和"颂"则是两种奏诗方式——"雅"为用弦乐奏诗,

---

① 王昆吾,《诗六义原始》,载氏著《中国早期艺术与宗教》,上海:东方出版中心,1998,页219。

"颂"是用舞乐奏诗。风、赋、比、兴、雅、颂的次序,从表面上看,是艺术成分逐渐增加的次序;而究其实质,则是由易至难的乐教次序。①

如此,则"六诗"之原义与周代祭礼乐事有直接的关联。作为当时传述诗的六种方式,"六诗"之原始含义可用如下表格反映:

风	诵诗	方音诵
赋		雅言诵
比	歌诗	赓歌
兴		和歌
雅	奏诗	弦歌
颂		舞歌

这一考察,便不是将"风、赋、比、兴、雅、颂"两两对举,而是从周代礼乐活动实际出发,分为"诵诗"、"歌诗"、"奏诗"三组,分别对应于"风赋"、"比兴"、"雅颂"。而"三体三用"二分之说的产生,则相对要晚许多。

至于"六义"之说解,在《诗大序》中其实并不完整,到了东汉郑玄,开始有一系统表述。郑氏《周礼注》云:

> 风,言贤圣治道之遗化也。
> 赋之言铺,直铺陈今之政教善恶。
> 比,见今之失,不敢斥言,取比类以言之。
> 兴,见今之美,嫌于媚谀,取善事以喻劝之。
> 雅,正也,言今之正者,以为后世法。
> 颂之言诵也,容也,诵今之德,广以美之。②

郑玄对于"六义"的解释,"一方面充实了关于'赋'、'比'、'兴'的解释,比《毛诗序》更加系统;另一方面突出了'美刺'、'风化'、'政教'

---

① 王昆吾,《诗六义原始》,前揭,页221-222、296。
② 李学勤主编,《十三经注疏》(标点本):《周礼注疏》,前揭,页610。

等三个伦理主题,比《毛诗序》更加鲜明"。① 应当说,郑玄的解释是经学时代对于"六义"最完整的解说,但与"六诗"本义已经相去甚远。

依照王昆吾的研究,从"六诗"到"六义",经历了内容丰富的历史过程,大概可以分为三个阶段。第一个阶段是以"乐教"为中心的时期,诗主要用于仪式和劝谏,乐教是早期诗歌传授的主要方式。第二个阶段是以"乐语之教"为中心的时期,诗之应用有一个从用于仪式到用于专对的变化,相应地产生了从"诗言志"到"赋诗观志"的变化,也因此导致了赋诗过程中诗歌本义与引申义的疏离。第三个阶段是以"德教"为中心的时期,这一时期,诗教与乐教明显分离。王昆吾称:

> 在乐语之教阶段,诗毕竟是一种交际语言,稳定的、彼此认同的涵义毕竟是实现赋诗目的的基本条件;尽管赋诗断章的方式也造成了对诗本义的曲解,但在那里,诗本义未至于大幅度地失落。而到德教阶段,诗作为语言艺术的本质被改变了,成为宣传和教化的工具。《毛诗序》这种政治化或伦理化的诗学理论,正是因此而势所必然地产生出来的。从这一角度看,"六义"本质上是德教的产物,或者说,是德教进入儒家诗学阶段的产物。因为包含风、雅、颂分类法的诗的文本,通过孔子、孟子、荀子而确立的儒家诗学的传统,是其理论系统得以完成的两项基本条件。②

刘怀荣先生则认为,"赋、比、兴"植根于原始感性生活的沃土中,与原始的巫术宗教祭祀仪式和歌、乐、舞艺术综合体有密切关联。他认为:"赋、比、兴的产生时代远远早于周代,其文化母体是原始时代的巫文化和图腾文化。"③在他看来,"赋、比、兴、风、雅、颂"皆曾为诗体,而"赋、比、兴"产生在前,"风、雅、颂"产生在后,皆曾为与某些仪式配合的乐舞。当"风、雅、颂"后来居上时,"赋、比、兴"则逐渐演化为中国古代艺术思维的基本方式。他说:

> 赋、比、兴作为祭祀行为都与歌、乐、舞有关,它们既以歌、乐、

---

① 王昆吾,《诗六义原始》,前揭,页287。
② 同上,页273。
③ 刘怀荣,《赋比兴与中国诗学研究》,北京:人民出版社,2007,页127。

舞为必要手段来构成祭祀仪式,又因歌、乐、舞的不同显示出各自的特点。三者最早在氏族会盟中形成一个连续的系列。因此,早期的赋、比、兴或与仪式密切相关,或是仪式名称,同时,又可兼指体用不分,以用(功用)为主的歌、乐、舞艺术综合体。

国家制度产生之后,随着祭神、祭祖,特别是由氏族会盟演变而来的天子与诸侯会盟活动中的祭神、祭祖仪式的制度化,以及仪式向日常生活的不断渗透,原始的歌、乐、舞综合艺术形态也发生着变化,风、雅、颂当即在这一发展过程中逐渐取代赋、比、兴,成为与新的仪式相配合的新乐舞,而赋比兴则在下一步的发展中逐渐升华、凝结、抽象为中国古代艺术思维最基本的三种方式。①

在"赋、比、兴"与"风、雅、颂"二分的前提下,刘怀荣还意识到两组乐舞在功能上呈现出一定的基本相似的对应关系:

赋与风均与诸侯、四夷贡物、献乐舞等实际行为相关,并且是两组乐舞的开端,是达到人人和谐与人神和谐的基本手段;比与雅均是在贡赋的基础上达到人与人之间的亲比;而兴与颂,又是在前二者的前提下进一步求得神人以和的功效。②

然而,将"赋、风"、"比、雅"、"兴、颂"三组对举,其实无法合理解释"六诗"以及"六义"中"风、赋、比、兴、雅、颂"的排列次序问题。

三、"赋、比、兴"三体存亡论

《毛诗大序》在释"六义"时,唯释"风、雅、颂"而不释"赋、比、兴",引发了关于"六诗"中"赋、比、兴"三体存亡问题的讨论,这是《诗经》学史上的又一桩公案。

一种意见认为,"赋、比、兴"三类诗,实合于传世本所见"风、雅、颂"三体之中。最有代表性者当属东汉郑玄,他与弟子张逸之间曾有一场问答:

---

① 刘怀荣,《赋比兴与中国诗学研究》,前揭,页5。
② 同上,页146。

张逸问:"何诗近于比、赋、兴?"答曰:"比、赋、兴,吴札观《诗》已不歌也。孔子录《诗》已合风、雅、颂中,难复摘别。篇中义多兴。"①

从郑玄的回答看,他认为孔子在删定《诗》文本时,乃将"赋、比、兴"合于"风、雅、颂"中;也正因"赋、比、兴"合于其他三体中,才会有"篇中义多兴"的情况。今人胡朴安也认为:"赋、比、兴,即在风、雅、颂中,非离风、雅、颂,别有所谓赋、比、兴也。"②

这种意见当然是试图解决《诗序》中不释"赋、比、兴"的疑问,但似乎没有足够的说服力。一者,无法回答襄公二十九年吴公子季札至鲁观乐时,为何亦只奏"风、雅、颂"三类而未奏"赋、比、兴"——其时孔子年甫八岁,尚无能力删《诗》。二者,"赋、比、兴"作为诗体,其面目究竟为何,依然没有具体描述。

另一种意见认为,"赋、比、兴"三体之亡,乃由于孔子删《诗》时未取所致。也就是说,是孔子将"赋、比、兴"三体之诗摒弃在《诗》文本之外。如清人庄有可云:

> 《周官》太师掌教六诗:曰风,曰赋,曰比,曰兴,曰雅,曰颂。孔子删《诗》,取"风、雅、颂"而不收"赋、比、兴",盖亦《春秋》得半之意也。③

章太炎(1869－1936)《六诗说》亦云:

> 比、赋、兴被删,不疑也。……《比》、《赋》、《兴》虽依情志,而复广博多华,不宜声乐。由是十五流者,删取三种,而不遍及。孔子所定,盖整齐其篇第,不使凌乱,而求归于礼义,合之正声,以是为节。④

---

① [魏]郑小同,《郑志》卷上,文渊阁四库全书本。
② 胡朴安,《诗经学》,长沙:岳麓书社,2010,页27。
③ [清]庄有可,《毛诗说·序》,北京:商务印书馆,1934,页1。
④ 章太炎,《检论》卷二《六诗说》,《章太炎全集》第三册,上海:上海人民出版社,1984,页391－393。

二说皆以为"赋、比、兴"三体已亡,且认为乃由孔子删《诗》不取所致。

冯浩菲赞同"赋、比、兴"三体已亡的说法,却认为与孔子无关,而与周室东迁以来,周天子的一些举措有关:

> 为了维护天下共主的名分,也还保留着一些礼乐制度权威,选编周诗,颁行列国,可能就是其中的措施之一。由于形势发生了如此巨大的变化,负责选编周诗的官员或许参考了当初大师的六诗分类及有关文献,但没有受它的局限,另立标准,重新分类选编。由于风、雅、颂是当时最盛行、最有代表性的三类诗作,故按照新创的"十五国风"—"二雅"—"三颂"的纲目,精选三类诗中的有关诗篇以成书。其他各类诗作,包括赋、比、兴,姑且从略。这当是传世的《诗》三百篇的原型。①

不过这种说法臆测的成分较重,而且无法很好回应最后一次《诗》文本结集过程中《鲁颂》的加入、《豳风》次序的调整等诸多细节问题(参本书第二讲),故只能聊备一说。

刘怀荣则认为"赋、比、兴"三体并未消亡,而是以一种特殊方式存在于"风、雅、颂"三体中。他认为,"见于赋诗引诗中的赋与比的方法,应当就是赋诗、比诗各自具有的特点"。而"兴"与传统、习俗和神话有关,比较隐晦,不适宜于朝会应对场合,"但兴诗的保留比赋、比二诗要好得多,除了《诗经》中被明确标出的兴诗外,还见于《周易》卦爻辞中"。至于"赋、比、兴"与今本《诗经》体裁上的关联,刘怀荣说:

> 对《诗经》中的赋、比二诗,我们今天是难以一一摘出的,但按我们前面的论述,首先可以肯定,大师编诗时虽有词句的增删等改动,但对原诗内容、手法的改变不可能太大。从兴诗多在国风、小雅,而小雅被标为兴诗的诗篇又有近三分之一体近民歌,二者计算,有70%以上的兴诗被编入风诗中。由此类推,与兴诗一样遗失了家园的赋、比二诗也应主要被编在风诗中。凡直赋其事,而所

---

① 冯浩菲,《历代诗经论说述评》,前揭,页52-53。

赋之事为四方风物、风情、风俗者,当与本来意义上的赋诗有关;凡写男女婚姻而兼有两国交好之意者,或者那种以地方山川祭礼为背景的男女悦慕之作,均当与原始比诗有关。①

刘怀荣的结论很具体,为"赋、比、兴"三体在传世本《诗经》中找到了对应的位置。但对于"赋、比"二体的推断,自诗篇文辞字面意义入手,而将其与原初主要用于仪式配乐的"六诗"对应起来,似乎稍显牵强。

四、《诗经》的"错简"与《关雎》的分章

与对"六诗"作为诗体的理解直接相关,历来有所谓《诗经》中某些篇章存在"错简"一说。按照孙作云先生(1912－1978)的定义,"所谓'错简',就是简次错乱;或一首诗内章次颠倒,或两首诗误合为一首诗,或《大、小雅》的篇次,根本错乱"。② 比如宋人王柏(1197－1274)即曾怀疑:

> 《行露》首章与二章意全不贯,句法体格亦异,每窃疑之。后见刘向传列女,谓"召南申人之女许嫁于酆,夫家礼不备而欲娶之,女子不可,讼之于理,遂作二章",而无前一章也。乃知前章乱入无疑。③

南宋王质(1135－1189)亦以为《行露》一诗有错简,云:

> 首章或上下中间,或两句三句,必有所阙。不尔,亦必阙一句。盖文势未能入"雀"、"鼠"之辞。④

---

① 刘怀荣,《赋比兴与中国诗学研究》,前揭,页171－172。
② 孙作云,《诗经的错简》,载氏著《诗经与周代社会研究》,北京:中华书局,1966,页403。
③ [宋]王柏,《诗疑》卷一,清通志堂经解本。
④ [宋]王质,《诗总闻》卷一下,清武英殿聚珍版丛书本。

孙作云先生曾撰《诗经的错简》一文,专门考察《诗经》中两首诗误合为一首之例,其中亦包括《行露》一诗。关于这类错简形成的原因,孙先生主要从诗篇文辞内容上着眼,他认为:

> 为什么会把两首诗误合为一首诗呢? 大概因为:这两首诗在内容上有某些共通之处,在篇次的顺序上,前后相承,后来因为种种原因,把前一首诗的后几章丢掉了,遂误合于后一首诗;习焉不察,遂误以为它们是一首诗。也有因为两首诗的起句相同,内容又有点儿相像,遂误合为一首诗。或者根本就是两首诗——原诗皆无缺佚,只因为两首诗的内容相同,篇次亦上下相接,粗心的古人,遂把它们误认为一首诗,在一个题目下,误传了两千年![1]

在这篇文章中,孙先生主要列举了他认为存在"错简"的五首诗,一为《周南·卷耳》,二为《召南·行露》,三为《小雅·皇皇者华》,四为《小雅·都人士》,五为《大雅·卷阿》。加上在注释中所引日本学者青木正儿所认为亦存在错简的《关雎》,则《诗经》中误合二为一者,至少有这六篇。照孙先生的推断,这六首诗原本应该是独立的十二首诗。

孙作云还试图还原这原本独立的十二首诗的原初面目,比如他认为《卷耳》一诗可能是由如下两首诗误合为一。其一为:

> 采采卷耳,不盈顷筐。嗟我怀人,置彼周行。
> (采采卷耳,不盈□□。嗟我怀人,置彼□□。)
> (采采卷耳,不盈□□。嗟我怀人,置彼□□。)

其二为:

> 陟彼崔嵬,我马虺隤。我姑酌彼金罍,维以不永怀。
> 陟彼高冈,我马玄黄。我姑酌彼兕觥,维以不永伤。
> 陟彼砠矣,我马瘏矣。我仆痡矣,云何吁矣!

---

[1] 孙作云,《诗经的错简》,前揭,页403。

《行露》一诗,亦为如下两首诗错简而成。其一为:

> 厌浥行露,岂不夙夜,谓行多露。
> (□□□□,□□□□,□□□□。)

其二为:

> 谁谓雀无角? 何以穿我屋。谁谓女无家? 何以速我狱。虽速
> 我狱,室家不足。
> 谁谓鼠无牙? 何以穿我墉。谁谓女无家? 何以速我讼。虽速
> 我讼,亦不女从。

在谈到怀疑《卷耳》、《行露》二诗存在错简的理由时,孙作云称:
"(《卷耳》)这四章诗,前一章为征妇(军人妻子)思征夫之词,后三章
为征夫思家之作;只因为二者内容相似——同是怀人之作,所以后人误
合为一首诗。"①又称:"《行露》一诗最主要的疑窦,是意思前后不相连
贯,口气上下不相衔接,显然是两首诗误合为一首诗。"②

认定诗篇存在"错简"的另外一个理由,是某些诗篇不符合《诗经》
叠咏体的基本体制,比如日本学者青木正儿认为:

> 《关雎》诗,也是两首诗误合为一首诗。其理由是因为《诗经》
> 的叠咏体,最多的是叠咏三次(即词意与语法全同,只在押韵处换
> 换韵脚),其次是叠咏两次,其次是前两章叠咏,后一章独立,或前
> 一章独立,后两章叠咏。其它形式的叠咏也有之,唯独没有像《关
> 雎》这样的形式:第二章和第四、五章跳格叠咏。③

因此他认为,《关雎》一诗,当分为如下两首:

---

② 同上,页407。
③ [日]青木正儿,《诗经章法独是》,载氏著《中国文学艺术考》,转引自孙作云:
   《诗经的错简》,前揭,页404。

（甲）关关雎鸠，在河之洲。窈窕淑女，君子好逑。
　　（关关雎鸠，在河之□。窈窕淑女，□□□□。）
　　求之不得，寤寐思服。悠哉悠哉，辗转反侧。

（乙）参差荇菜，左右流之。窈窕淑女，寤寐求之。
　　参差荇菜，左右采之。窈窕淑女，琴瑟友之。
　　参差荇菜，左右芼之。窈窕淑女，钟鼓乐之。

　　不难看出，如上理由多从诗篇文辞或句式方面着眼，实际是以书面文学的习惯例解口头文学，而在很大程度上忽略了《诗》自产生到早期流传过程中与周代礼乐活动的密切关联，因而难以服人。

　　王昆吾认为，作为早期传述诗的两种基本方式，"比"（重唱）与"兴"（和唱），是造成《诗经》中许多诗篇在形式上"回环复沓"的主要原因。而这种"回环复沓"的形式，又有三种基本方式。① 一为"复沓"。指的是以章节为单位的形式重复，在《诗经》中最常见，其特点是多与兴歌相结合，比如《周南·樛木》：

南有樛木，葛藟累之。（《毛传》："兴也。"）
乐只君子，福履绥之。

南有樛木，葛藟荒之。
乐只君子，福履将之。

南有樛木，葛藟萦之。
乐只君子，福履成之。

　　二为"单行章段"。即未加入复沓的独立章段，其独立性以复沓为基础，实际是一种特殊的复沓，占《诗经》中复沓作品的五分之一左右，约有四十余篇。其典型形式正如《行露》：

厌浥行露，岂不夙夜，谓行多露。（《毛传》："兴也。"）

———————————
① 参王昆吾，《诗六义原始》，前揭，页233－237。

　　　　谁谓雀无角？何以穿我屋。谁谓女无家？何以速我狱。虽速
　　我狱，室家不足。

　　　　谁谓鼠无牙？何以穿我墉。谁谓女无家？何以速我讼。虽速
　　我讼，亦不女从。

　　三为"诗章章余"，亦指一种有别于通常复沓形式的附加，往往见
于各章节尾部，表现为完全的重复，比如《周南·麟之趾》：

　　　　麟之趾，振振公子。(《毛传》："兴也。")于嗟麟兮！
　　　　麟之趾，振振公姓。于嗟麟兮！
　　　　麟之趾，振振公族。于嗟麟兮！

　　按照这一解说，自王柏、王质到孙作云、青木正儿等所怀疑的《诗》
有"错简"，倒很值得怀疑。他们都罔顾了《诗》之早期生存状态与音乐
密切关联的事实，《行露》、《卷耳》诸诗，不过是"六诗"本义的一种遗
存，其实未必存在"错简"。

　　与"错简"相关的另一桩《诗经》公案，是《关雎》一诗的分章问题。
《毛诗》于《关雎》一诗末尾云："《关雎》五章，章四句。故言三
章，一章章四句，二章章八句。"唐人陆德明（约550-630）《经典释
文》云："五章是郑所分，'故言'以下是毛公本意。后放此。"①清人俞
樾（1821-1907）又有"四章说"：

　　　　以愚论之，当为四章，首章章四句，次章章八句，三章四章章四
　　句。每句有"窈窕淑女"句，凡五言"窈窕淑女"，故知五章也。首
　　句以"关关雎鸠"兴"窈窕淑女"，下三章皆以"参差荇菜"兴"窈窕
　　淑女"。文义本甚明，因次章加"求之不得"四句，此古人章法之
　　变，而后人遂迷其章句矣。②

　　由此，则《关雎》分章，便有"三章"、"四章"和"五章"之分别。
　　"故言三章"的"三章"，所分如下：

————————————

① 　李学勤主编，《十三经注疏》（标点本）：《毛诗正义》，前揭，页28。
② 　[清]俞樾，《达斋诗说》，《春在堂全书》第三册，凤凰出版社，2010，页21。

> 关关雎鸠，在河之洲。窈窕淑女，君子好逑。
> 参差荇菜，左右流之。窈窕淑女，寤寐求之。
> 求之不得，寤寐思服。悠哉悠哉，辗转反侧。
> 参差荇菜，左右采之。窈窕淑女，琴瑟友之。
> 参差荇菜，左右芼之。窈窕淑女，钟鼓乐之。

而如前所述，今日又添新的"三章"、"五章"说：持"错简"说者，以为《关雎》之诗乃由二首诗杂糅而成，二诗原本各为三章，每章四句；今人又据新出土之上海博物馆战国楚竹书《孔子诗论》第十四简有"其四章则俞矣"之语，而判断《关雎》原为五章，①以印证传统"五章"说之确凿。

王昆吾先生认为，如上诸种说法或皆有不当：

> 这些怀疑，大抵缘于对"兴"或复沓的误解。例如四章说乃以"关关雎鸠"、"参差荇菜"为兴，认为每一兴应为一章，"君子好逑"为冲突开始，"寤寐求之"为冲突至于高潮，"琴瑟友之"为冲突消解，"钟鼓乐之"为冲突得以解决。脱简说的理由则主要有三条：一是所谓《关雎》有"乱"，"参差荇菜"云云即其表现，不能单独成章；二是所谓《周南》章法有规律，皆是三章，仅《卷耳》因错简窜入而成四章、《关雎》因脱简而缺四句；三是脱简在《诗三百》中很常见，凡章句不整齐者，都是由错简、脱简、传抄失误造成的。其实，从单行章段的角度看，《毛传》的三章说是正确无误的。二章"参差荇菜，左右流之。窈窕淑女，寤寐求之"乃和三章"参差荇菜，左右采之。窈窕淑女，琴瑟友之"复沓。第一章单行四句即所谓"乱"，是一种同起兴之调相应和的众声合唱。《论语·泰伯》说："师挚之始，《关雎》之'乱'，洋洋盈耳哉！"刘台拱《论语骈枝》说："合乐谓之乱。"《史记·孔子世家》说："故曰《关雎》之乱以为风始。"这说明"乱"的本义就是合唱，《国风》是以《关雎》的乱声

---

① 参于茀，《从〈诗论〉看〈关雎〉古义及分章》，载《光明日报》，2004 年 2 月 25 日；亦参金宝，《〈诗论〉"四章"新考与〈关雎〉五章说》，载《社会科学辑刊》，2007年第 3 期，页 272–276。

为起始的,单行章段是乱声的表现。①

如此,则《关雎》一诗传统"三章"之分,不唯没有脱漏,而且这一形式恰好体现了《诗》在早期流传过程中"比"、"兴"的传述方式,这便为《关雎》分章一案找到了一个较为合理的解说。

综言之,从音乐角度研究早期《诗经》,无疑是一条较为本质的路径。将《诗经》学的诸多问题放置于周代礼乐制度的大背景下,才往往能够得到较为合理的解释。

*本论文是国家社科基金重大项目"中国四书学史"(13&ZD060)、"四书学与中国思想传统研究"(15ZDB005)、"中国孟学史"(11&ZD083)的阶段性成果,并得到中山大学"三大建设"专项资助。

---

① 王昆吾,《诗六义原始》,前揭,页235-236。

道、一与气学

——以刘咸炘之庄学为中心

丁　耘[*]

（复旦大学哲学学院）

摘　要： 混同道一之说，由来有自。推其缘故，皆可追溯至先秦道籍。混同道一，在《庄子》及其历代注疏中皆有所本，然而分别道一，于《庄子》中更有其据。近人刘咸炘于老庄之学，不别道一，统归于气，谓之道体，发千古之覆。唯不别道一，解一唯气，则非至论。本文就刘氏之论，考道一之别，兼衡气本得失。

关键词： 道　一　气　气论　刘咸炘

道、一之涉，近人已有所论及。顾颉刚《三皇考》考释太一，大体分辨了道家之一或太一、楚辞及汉唐官方神话之泰皇（泰一）及后世道教之太一。[①] 后两类为神话。道家之一，顾氏以为与"道"义同。顾考史虽勤，论道则疏，仅对勘《老子》与《韩非子》，即将"道"、"一"等量齐观（同上，页55－56）。至于道、一何以异名同谓，则付阙如。张舜微《周秦道论发微》广考周秦道术诸家，下逮西汉，以为"'一'即'道'之别名"，非唯周秦学者主术者同宗道德，"西汉诸儒皆深识'道德'之要"。[②] 其言约，其义丰，其旨远，远较顾氏为精。唯好从《管子》、《韩非子》、《淮南》诸书解道儒诸家，遂将此"一"定于"君道"，道术定于"君人南面之术"（同上，页36、37）。以为老庄乃至仲尼之学，皆不外此（同上，页37）。此解极有见地，然不无偏至。《老子》第三十九

---

* 　作者简介：丁耘（1969－　），男，江苏阜宁人，哲学博士，复旦大学哲学学院教授、博士生导师，主要从事西方哲学、形而上学、中西古典思想等研究。

① 　参童书业序。此序概括了《三皇考》主要内容。顾颉刚，《古史论文集》，北京：中华书局，1996，第三册，页4－6。
② 　参张舜徽，《周秦道论发微》，北京：中华书局，1982，页34－40。

章云:

> 昔之得一者:天得一以清,地得一以宁,神得一以灵,谷得一以盈,万物得一以生,侯王得一,以为天下贞。[①]

盖张所说,唯见侯王所得之一,未及天地万物之一也。又,《庄子·天下篇》云:"圣有所生,王有所成,皆原于一。"[②]则张所说之"一",原之唯见"王有所成",未见"圣有所生"。亦唯解尧舜以下事,不能解天人、神人之迹也。张将西汉儒书与周秦道书同观,甚是,唯儒书中之"一"及"道"所涉未全,亦是其短处。然其论毕竟贡献良多,就张说恰可询问,"道"、"一"是否可等? 道何解,是否唯超然百官庶务之上之侯王之"一"?

混同道一之说,由来有自,非始自近人也。然时有异说,亦非无据。汉以降,《淮南子·天文训》主"道始于一",[③]严君平、王辅嗣则以虚、无训道。[④] 推其缘故,皆可追溯至先秦道籍。《庄》、《老》之中,以"一"代"道"者可谓夥矣,《庄》较《老》犹密。张舜徽所举义例,虽较顾颉刚为广,亦只挂一漏万。《老子》之中,除前引"得一"之三十九章外,张亦引第二十二章:"是以圣人抱一,以为天下式。"[⑤]而《老子》第四十二章有"道生一,一生二,二生三,三生万物之说"(同上,页117)。第四十章又有"天下万物生于有,有生于无"(同上,页110)。此严君平、王辅嗣分别道、一之所出也。第四十二章之道与一非同名甚明。此非不可辩。其辩虽必曲折,亦非全然无故,[⑥]然无视此章,以为略引诸子文献,即能表明道一之同名毫无疑义,则误甚。此章即王

---

① 《老子道德经注》第三十九章,见《王弼集校释》(上册),楼宇烈校释,北京:中华书局,1999,页106。

② 王先谦撰,《庄子集解》,北京:中华书局,1987,页287。

③ 原文为"道曰规,始于一"。据王念孙改定为"道始于一",见刘文典撰,《淮南鸿烈集解》,北京:中华书局,1989,页112。

④ 参严尊,《老子指归》,北京:中华书局,1994,页17。又见王弼所注《老子道德经注》第四十二章,参《王弼集校释》(上册),前揭,页117。

⑤ 《老子道德经注》第二十二章,见《王弼集校释》(上册),前揭,页56。

⑥ 参刘咸炘,《内书·气道》,见刘咸炘,《推十书》(增补全本),甲辑(贰),上海:上海科学技术文献出版社,2009,页725–730。

辅嗣以无训道之本源。① 故曰道、一有别,于《老子》亦不可谓全然无据。

至于《庄子》,诸篇及"一"者尤繁。混同道一之文,在《庄子》及其历代注疏中皆有所本,然而分别道一,于《庄子》中更有其据。盖庄子于道与一,皆有申论,且不一而足。如执此拒彼,则陷一曲。

《庄子》诸篇之中,一指代道之文,举其荦荦大者有《天下》:

> 天下之治方术者多矣,皆以其有为不可加矣! 古之所谓道术者,果恶乎在? 曰:"无乎不在。"曰:"神何由降? 明何由出?""圣有所生,王有所成,皆原于一。"②

此"一",诸本皆注为"道"。又:

> 关尹、老聃闻其风而悦之,建之以常无有,主之以太一,以濡弱谦下为表,以空虚不毁万物为实。(同上,页294)

李学勤尝据出土文献考证,老子言"一",不言"太一",故主之以太一者实为关尹之学,老子唯主一而已。而太一之学,有气论、水论等走向,后世则以气论为主。③ 斯说于此处不必细究,唯《天下》之述,不别老、关,则庄子学派固以为老子之"一",与"太一"无甚区别。盖《庄子》诸篇之中,称引一处固多,而外杂篇亦有称太一(大一)处。④ 或太一乃庄子后学所益欤? 此本无关宏旨。要之,《庄子》诸篇,于老、关"博大真人"之学,与庄生本人之学,皆不辨"一"与"太一"。故太一与一,其名在《庄》实可混同,而道与一则未必。本文所关切者,不在太一

---

① 参《老子道德经注》第二十二章,见《王弼集校释》(上册),前揭,页117。王弼此注,玄悟妙解,然本于《齐物论》,参见王先谦撰,《庄子集解》,前揭,页20。

② 王先谦撰,《庄子集解》,前揭,页287。

③ 参见李学勤,《荆门郭店楚简所见关尹遗说》,收于《郭店楚简研究》(《中国哲学》第二十辑),沈阳:辽宁教育出版社,1999,页160-164。又参裘锡圭,《说"建之以常无有"》,载《复旦学报》,2009年第1期,页1-11。李说以为太一生水说为关尹一派所解老氏"道生一",道为太一,水为太一所生之一。裘解"常无有"为"亘先",似亦主太一为气论。

④ 如《徐无鬼》、《列御寇》等,见王先谦撰,《庄子集解》,前揭,页223、281。

与一名称之别,而在道与一意旨之别。道一之间,可就名理、言默辨之,可就气论述之。后者宏通,前者精微。本文且就气论略探道一之间。

持《庄子》之道、一等同说者,概释之为气。此于《庄子》中固有所本,亦为《管子》、《淮南子》等之所发挥者。《知北游》云:

> 人之生,气之聚也;聚则为生,散则为死……故万物一也……神奇化为臭腐,臭腐复化为神奇,故曰:通天下一气耳。①

《人间世》有:

> 一若志,无听之于耳,而听之以心;无听之以心,而听之于气,耳止于听,心止于符。气也者,虚而待物者也。唯道集虚。虚者,心斋也。(同上,页35)

近人刘咸炘(宥斋)判《庄子》诸篇甚精。据其科判,前引《知北游》文,为"形容道体";《人间世》文,为"指示道术"。② 两者同归于气。刘氏可谓吾国气论传统之殿军,③其学宏肆精密,其识高远明澈,其论精察有力,近世罕匹。其论通达精微处,几侔于船山、戴山。刘氏于老庄之学,不别道一,统归于气,谓之道体。其崇一也极是,发千古之覆。④ 发明太一之说,亦本篇之所以立。唯不别道一、解一唯气,则非至论。现且就刘氏之论,考道一之别,兼衡气本得失。

宥斋道体论大旨云:

> 盖道家言形上唯主一气,即此一气亦无亦有,无乎不在,是谓道体。⑤

---

① 王先谦撰,《庄子集解》,前揭,页186。
② 刘咸炘,《子疏定本》,见《刘咸炘学术论集(子学编)》,桂林:广西师范大学出版社,2007,页55-56。
③ 今人有极重视气学,以之疏通船山学者,颇采刘氏之说。当世能知宥斋之学者罕矣,而治船山学者宗之,盖刘学集气学一脉之大成也。参严寿澄撰,《船山思问录导读》,上海:上海古籍出版社,2000,页12-22。
④ 《内书·理要》,见刘咸炘,《推十书》,前揭,页653、654。
⑤ 刘咸炘,《子疏定本》,前揭,页56。

又云：

> 道体有二义，一曰超物，二曰周物。故非有非无……无内无外。（同上，页55）

> 道体浑一无外，故谓之独。①

> 夫道也者，周万物而超万物者也。周物则一物不足以尽道，故超万物。庄子曰：物物而不物于物，此超物之义也。又曰：道无不在，此周物之义也。②

而"一气不过一切现象之总体，非别有一物"③，气论即中国唯一的本体论，不问现象之后之主宰与原因，"其视现象惟曰即是如此、本来如此而已，此即所谓自然……"（同上）。

混同道、一，于道经中非全然无碍，如前所引，《老子》第四十二章云"道生一，一生二……"，第四十章"天下万物生于有，有生于无……。"其分别道、一，示道于无，不可掩也。故道家流亚，乃至老庄注者，分别道一，以道为虚、为无者，不乏其人。今人持气论者，或据新见简帛，以为此章为后窜入。④ 此论似健，亦不无遁词之嫌。盖不釜底抽薪，即无力解《老子》传世本中之矛盾也。传统气论则不然，船山《老子衍》解"道生一"，以"一"为"冲气为和"。"一生二"为"既为和矣，遂以有阴阳。冲气与阴阳为二"。道则为"超于'和'以生和者"、"得'一'者无一"、"致'和'者无致"。⑤ 又引赵志坚曰：

> 天地万物从一气而生，一气从道而生。（同上，页25）

---

① 刘咸炘，《庄子释滞》，同上书，页256。
② 参刘咸炘，《内书·气道》，前揭，页730。
③ 刘咸炘，《庄子释滞》，前揭，页228。
④ 参李存山，《庄子思想中的道、一、气——比照郭店楚简〈老子〉和〈太一生水〉》，见《中国哲学史》，2001，第四辑，页35-39。
⑤ 王夫之，《老子衍·庄子通》，北京：中华书局，1962，页26。

是虽解一以气,而未拒超一之无,不如其张子《正蒙》注之坚悍也。刘咸炘则持周圆之气论,混同道一,贯通老庄。宋初气论复兴,旋为二程理学所伏,朱子集其大成,乃有"理先于气",乃至"理生气"之说。明儒气学再兴,于天地间唯主一气。以为先于气、生其气之说,皆老庄异端。刘学之要,在于道宗明儒,学摄老庄。既驳程朱理先于气之说,又辩老庄有无道一之说,只是一气衍化,其理与儒门气宗毫无二致。宥斋解庄,大本不离郭注,而因参酌宋学,旁及西学,正大畅达处,乃过子玄。且以《庄子》郭注之精义,回释《老子》而遮辅嗣之义。故其精卓,不让魏晋宋明也。

宥斋之所力辩,在老庄不主"无中生有",其"道生一"非"无中生有"之谓。宥斋亦不否认,《淮南》乃至《庄子》固有"无中生有"之义,且引郭注驳之。[①] 于《老子》彼则分毫不让,着力回护其"道生一"、"有出于无"诸说。其论大要为[②]:(1)老子实有无相生之说,其无有待于有,如器之空、毂之无,非果一无所有。(2)老子本无虚生气说(此驳张载),道纯而不杂为一,聚而未散为朴。朴是素材,"若止概念,何以名为朴"(同上,页726)。故道"不止指理而并指气"。如止是一理,"苟止概念,何以能生"(同上,页725)。(3)道为天地万物之总名,非实有一物在天地万物之外。"其所以有此总名也,正以有此总体耳"(同上,页730)。老子此意与刘蕺山实同,"曾谓老子而不如明儒耶?"(4)道实与太极同,"道生一"之生,如太极生两仪、两仪生四象,而非母之生子。宋儒驳老子道生一之说,而又主太极生两仪,是自相抵牾。(5)《老子》中"无"字,实皆为气。"不独老子,凡道家言原始之无,皆谓是气"(同上,页728)。(6)道、一不二。

> 道本统名,一则有指……道惟大气,一则一形也……且即以一为一气,而于其上更加一道,亦复有何不可。盖盈天地间虽一气,

---

① "《庄子·庚桑楚》曰:'万物出于无有,有不能以有为必有,必出于无有。'郭注曰:'夫有之未生,以何为生乎?故必自有耳。岂有之所能有乎?此所以明有之不能为有而自有耳,非谓无能为有也。若无能为有,何谓无乎?'此辨甚明。无能生有,固非理也。然《老子》此言[丁按,即"道生一"章]则不受驳。"刘咸炘,《内书·气道》,前揭,页728。刘氏亦以道气论解《庄子》全书,大要宗郭。然《庄子》此类文句,崇无抑有,不可掩也。故郭、刘之注,实已破经。

② 参刘咸炘,《内书·气道》,前揭,页725-730。

而气有清有浊,有灵有滞。修养家每于气上更言神,神上更言虚,
彼固据所验而言,非故为幻也。(同上,页728)

综宥斋之说而约之,道一不二,实为一气;既为万物之总名,又为化
生万物之本原;①化生非"一个生一个",而是一而二,二而四之分化铺
开,故拒"无中生有"。究其宗旨,实主气论,而又参名理。其化生说固
为气论,而其一多、有无、超物周物之说,实是名理。宥斋并而举之,盖
以为气论与名理无抵牾也,以名理说气,亦无不可也。故其说之要在
三:其一曰道体为一,即为总体、整全,即道体大全说;其二曰道体大全
与化生之原可并举相通说,即用名理立气论说。其三曰道即为气,即道
气说或气本说。此三说乃中国道体论大宗之所在,刘氏得其精髓焉,允
为"气道"之殿军焉。然虽宏通雄辩,推究至极,实不可立。此间试破
之。非仅破宥斋学也,乃以宥斋学破道体论之大宗,即道一大全说、道
即为气说也。宥斋之学自有百尺竿头更进一步之余地,然已非气论、道
一大全论所能笼罩,且其并无自觉,他日可详。

道体为一说,即宥斋所谓道体超物、周物说。超、周云云,本来甚
精,其实超物即无,周物即一。即无即一,正是道体。而宥斋之解则
不然:

周物则一物不足以尽道,故超万物。庄子曰:物物而不物于
物,此超物之义也。又曰:道无不在,此周物之义也。②

则其超物云云,盖指大全超于局部,故亦周物之义也。宥斋此解,
不为无病。其一,上文已引,彼用刘蕺山说,道即万物总体,非与物为
君。道即万物,何有超万物之说? 真超万物者,即非万物。非但非万物
之一,亦非万物总和。其二,庄子云,道无不在。此尤非周物大全之义。
如道为一、为全,道无不在,即云道在此亦在彼,在瓦釜亦在矢溺。试
问,道为全,其全体在此耶? 其局部在此耶? 如其全体在此,彼此有隔,

---

① 《内书·理要》引刘蕺山"天者,万物之总名,非与物为君也。道者,万器之总
名,非与器为体也",见刘咸炘,《推十书》,前揭,页663。亦参《内书·气道》篇
终,同上书,页730。
② 参刘咸炘,《内书·气道》,同上书,页730。

瓦釜非矢溺，则道必不在彼，盖全体无两也。如其局部在此，因道为全，故在此者非道也。如道为全，则道非无不在，而一无所在也。一无所在者，不在也，无也。盖"所在"即分，即非大全之道也。云"道在某某"，其意即道在非道也。故道如是一，即是无，即非一也。物物者非物，万物犹一物也。故物物者非万物总体，明矣。只此即可明道、一有别，不可遽然同之。

其次，为道体大全与化生之原并举说，即用大全之名理立化生之气论。上文之破，纯用名理，似不涉气论。然气本非论，论气必用名理，非但一多、有无、全分是名，"气"、"物"非名耶？"无名"非名耶？一落言诠，无往而非名也。气论之名理，非但刘氏自用，在《老子》、《庄子》亦不免矣。刘与老庄之别，在并无自觉，以为气论可役使名理如主人，可使可不使，而自身可毫发无损也。气论一脉，皆有此病，而老庄之玄解，正为克此病耳。此处试略为玄辩。

道体既为大全，则化生万物之原云云与之不可两立。何也？试问万物在大全之内抑或之外？如在大全之外，则此"大全"有外部，明非真大全也。如万物在大全之内，则"生"之说无从谈起。凡"生"，必由无而有。由有而有，则必非生矣。刘氏思辨甚精，故不含混谓之"生"，而谓之"化生"，即从大全中化现万物，而非如母生子。万物则由无而有，大全则由有而有，刘谓之"恒常"也。[①]

然此仍不可立。试问万物化生之前，大全含此万物否？如含，则万物已有，实无化生。如不含，则此大全有所欠缺，实非大全也。或问：万物化现前，即潜在于大全之中，非现有，非果无。故含潜在万物之大全，无所欠缺也。答之曰：周物之大全不可变，变则必有前后。前后两者必有一非大全。潜在实现前后，混沌分、万物现，由一而多，孰能不变？

故大全之道与化生之道，实不可遽然两立。化生之道，气论也。大全之道，名理也。道之名理与道之气论，不可不加辩证、遽然两立。两立则有矛盾。矛盾亦可以立，然需申论。此非刘生之过也，盖老、庄之书，已有此矛盾。此又非《老》、《庄》文义之矛盾也，实道自身之矛盾。因由此矛盾，仅释道为一，唯以一为气者，皆误。

道一、理气、有无，实道体内蕴之矛盾也。然此必待名理发之。纯由气论，以为通天下一气，而气又化生万物，则气生物，一生多。而气非

---

① 参《内书·恒常》篇，见刘咸炘，《推十书》，前揭，页711以下。

物,一非多,故通天下唯一气已不可立矣。故先立气论,然后述之以名理,必有抵牾而不可立。纯由气论,不可通名理。由名理,或可通气论。宥斋之误,在以气论为主,辅之以名理,故彼此相取消。王辅嗣乃纯以名理解"道生一"等,或可立气论,而辅嗣《老子注》未涉,《周易注》或有志焉。郭子玄注《庄》,则纯以名理拒无崇有主气,非如张横渠赤手空拳,凭空断定太虚即气也。后世或因横渠坚拒异端而嘉许之。然异端之理,不因尔坚拒即可摧毁也。

　　明名理之不能去,即可以明道气说之不能立。解道为气,于《老》、《庄》文中固有大碍,于儒家之典亦非全然可通,唯儒家不甚论"道"而已。倘凭空立气本,则固非于道经有所据,然必于道体有所见。气不在道外,然云道即是气,则有所偏。此间略示其理。

　　解道为气、合同道一,于《老》、《庄》文义,不能尽合。《大宗师》云:

　　　　夫道,有情有信,无为无形……伏戏氏得之,以袭气母。

成《疏》云:"袭,合也。气母者,元气之母,应道也。"①故道非气,乃气由之所生者。《至乐》云:

　　　　察其始而本无生,非徒无生也而本无形,非徒无形也而本无气,杂乎芒芴之间,变而有气,气变而有形,形变而有生。(同上,页359)

　　"芒芴",王叔岷《庄子校诠》引前人说,以为即"恍惚"。② 成玄英疏曰:

　　　　大道在恍惚之内,造化芒昧之中,和杂清浊,变成阴阳二气。③

　　而《老子》第二十一章云:

---

① 《南华真经注疏》,郭象注,成玄英疏,北京:中华书局,1998,页146。
② 王叔岷撰,《庄子校诠》,"中央研究院"历史语言研究所,1988,页646。
③ 《南华真经注疏》,前揭,页360。

　　道之为物,惟恍惟惚。恍兮惚兮,其中有象。恍兮惚兮,其中有物。①

王弼注曰:"恍惚,无形不繫之叹"(同上)。河上公注曰:

　　道唯恍惚无形,其中独有万物法象。道唯恍惚,其中有一,经营生化,因气立质。②

顾欢曰:

　　欲言定有,而无色无声。言其定无,而有信有精。以其体不可定,故惟恍惟惚。③

　　折中以上各家注疏,芒芴为无形无体、有无之间。《老子》之恍惚未必不可解为气,然河上公虽以一通气,其分别道一则确然,④故解一为气者,未以道为气也,其所主非气本也明矣。至于《至乐》经文,其始无生、无形、无气也明矣,恍惚之内、有无之间,方始有气。而宥斋则谓:"芒芴即气也,否则何以变而有气耶?"⑤更谓庄子言"未始有无者、未始有夫未始有无者"之类为"空举名理"(同上),又以为《老子》一上言道,与修养家言神、虚者同,实皆一气也。是以老庄皆立空头名理,叠床架屋、头上安头矣。且芒芴即恍惚,形容之语,状无形无体、有无之间也,而宥斋则以之为实指之词。故道气论与《老》、《庄》之文不能全合。道家者流,由周秦入两汉,有导气之术,乃有主气之说,固也。然《老》、《庄》之气学,仍容余地。虚静无有玄妙之说,不能尽收气学中。魏晋唐注,以玄言名理解之,良有以也。是道非惟立一,亦示无超一也;而一非独有气之蕴,亦有理之蕴焉。

---

① 《王弼集校释》,前揭,页52。
② 《老子道德经河上公章句》,北京:中华书局,1997,页86。
③ 蒙文通辑,《晋唐〈老子〉古注四十家辑存》,载《蒙文通文集》第六卷,《道书辑校十种》,重庆:巴蜀书社,2001,页174。
④ 河上公注"昔之得一者"章曰:"一,无为,道之子也。"见《老子道德经河上公章句》,北京:中华书局,1997,页168。
⑤ 参刘咸炘,《内书·气道》,前揭,页728。

　　盖周秦两汉之学，虽崇气而未概以之为一本也。一气为本之说，盖有所激焉。大抵宋儒激于内学，明儒激于王学。宋儒气学为破唯空，明儒气学为破唯心。宋儒破无立虚，以气解虚。明儒则归心于气。虽然，气本之说，于儒门经典中，亦不可无疑。儒典中《孟子》言气之处甚精甚确，有"存夜气"、"养浩然之气"之说。然《孟子》亦已凿然明示，不可以气为尊。《公孙丑上》有：

　　　　告子曰："不得于言，勿求于心，不得于心，勿求于气。"不得于心，勿求于气，可；不得于言，勿求于心，不可。夫志，气之帅也；气，体之充也。夫志至焉，气次焉。故曰持其志，无暴其气。

　　又：

　　　　志壹则动气，气壹则动志也。今夫蹶者趋者，是气也，而反动其心。①

　　朱子曰："心之所之谓之志。"②孟子认可"不得于心，勿求于气"，更主"志至气次"，虽其解异说纷纭，孟子主心志帅气则确然不移也。志乃心之所之，故其心非虚寂无向者。孟子解"浩然之气"云：

　　　　其为气也，至大至刚。以直养而无害，则塞于天地之间。其为气也，配义与道；无是，馁也。是集义之所生者，非义袭而取之也。行有不慊于心，则馁矣。③

　　故以志帅气者，非泛泛谓以心帅气也，惟慊直之心帅气也。持其志即存其心也，④存其心即集其义也。《孟子·告子上》曰：

① 《孟子集注·公孙丑上》，见朱熹撰，《四书章句集注》，上海：上海古籍出版社，2001，页269。
② 《论语集注·为政第二》，见朱熹撰，《四书章句集注》，前揭，页63。
③ 见朱熹撰，《孟子集注》，同上书，页269－271。
④ 《孟子·尽心上》云："存其心，养其性，所以事天也。"同上书，页413。

故理义之悦我心,犹刍豢之悦我口。(同上,页389)

故道义即理义也,慊直之心,即得理之心也。孟子之以志帅气,乃得理之心帅气,存于心之理义帅气也。故孟子实主人心天理一体,皆较气为尊,而不可离气也。充体之气与充塞天地之气非二。心、理、气亦为天地言也,非徒为一身言也。何故宋明诸儒,于理、心、气三者聚讼不休耶?! 重气而不以气为本者,非独孟子为然。《荀子·修身》有云:

> 治气养心之术:血气刚强,则柔之以调和;知虑渐深,则一之以易良;勇胆猛戾,则辅之以道顺;齐给便利,则节之以动止;狭隘褊小,则廓之以广大;卑湿、重迟、贪利,则抗之以高志;庸众、驽散,则劫之以师友;怠慢、僄弃,则炤之以祸灾;愚款、端悫,则合之以礼乐,通之以思索。凡治气养心之术,莫径由礼,莫要得师,莫神一好。夫是之谓治气养心之术也。志意修则骄富贵,道义重则轻王公,内省而外物轻矣。[1]

其论心气之间,高明简要不及孟子,然圆转互济或过之。"血气刚强,则柔之以调和"、"卑湿、重迟、贪利,则抗之以高志"是养心以治气;"狭隘褊小,则廓之以广大"、"知虑渐深,则一之以易良"则是治气以养心。而如有所偏重,则仍在心。"志意修"、"道义重"、"内省"均为养心。盖孟重理义,荀重礼乐。礼、义虽近,[2]理义不在外,存乎一心;礼乐不在内,诉诸一气。其他如《孔子闲居》等皆有气志之辨(同上,页1397),兹不复赘。

要之,儒家原典,心志与气固不同,然亦不离。虽不离,混之为一气则非也。故宥斋立气为一本,非独于道经之中,于儒经之中,亦难尽合。

---

[1] 王先谦撰,《荀子集解》,北京:中华书局,1988,页25-27。

[2] 《乐记》篇云:"仁近于乐,义近于礼"。见《礼记正义·乐记》,郑玄注,孔颖达疏,北京:北京大学出版社,1999,页1095。

评《苏格拉底式的王者色诺芬》

潘戈(Lorraine Pangle) 撰

邓斯怡 译

（浙江大学哲学系）

布泽蒂(Eric Buzzetti),《苏格拉底式的王者色诺芬:〈居鲁士远征记〉的论证》(*Xenophon the Socratic Prince*:*The Argument of the Anabasis of Cyrus*), New York:Palgrave Macmillan,2014,337 页。中译本将由华夏出版社出版。

《居鲁士远征记》(*The Anabasis of Cyrus*)讲述了种种冒险经历:一万希腊佣兵与年轻的居鲁士(Cyrus)一道,在公元前 401 年试图推翻居鲁士的兄长阿尔塔泽西(Artaxerxes)却未成功;被困在小亚细亚腹地的佣兵们,为了回到家乡,在苏格拉底的学生色诺芬(Xenophon)的带领下再一次展开战斗。色诺芬存活了下来,并写下这个故事。根据布泽蒂(Eric Buzzetti),《居鲁士远征记》也是一部重要的政治哲学著作,这体现在三个不同的重要方面:它将苏格拉底教诲的本质压缩在这一形式中,即"对德性是什么的全面探究",或"高贵与善之间的关系"(页7);它在行动中证明了苏格拉底政治教育的实践成果;同时也提供了"一个以批判政治生活为形式的哲学入门"(页 2)。即使布泽蒂对那些大胆说法的证明并非完全牢靠,他依然为《居鲁士远征记》提供了丰富的评注。细致的观察,对局势和生死存亡时节的清晰叙述,以及对政治哲学核心问题的持续关注,都体现了其宝贵价值。

根据其言辞所显现的,色诺芬这个角色是一个修辞术的大家。布泽蒂认为,色诺芬作为讲述者,同样也是一个有策略的作家,他精心使用了直接或间接的归属、名称、文学隐喻、重要的细节、讲述的顺序,以及有选择性的重点。布泽蒂逸思遄飞,解读大胆,但他的解释并没有让读者全盘接受。在这些读者看来,与《居鲁士的教育》之类的作品不同,《居鲁士远征记》除了是一部文学创作,还是对当时发生的历史的记载。但布泽蒂提出一个绝佳的例子说明,色诺芬的确有意突出某些言论,而又在字里行间隐微展现另一些观点。布泽蒂认为,这种写作模式取决于色诺芬的双重目的:既教导潜在的哲学学生,又支持德政。在处于最好状态的希腊人当中,色诺芬发现了德政。鉴于希腊精神的特征是热爱男子气概、虔诚、自由和军队的英勇,布泽蒂提出一个有趣的看法:色诺芬总的修辞计划是通过"给哲学披上军事的外衣"来为它赢取支持(页226)。

布泽蒂表示,《居鲁士远征记》展开了对三个有关统治者事例的系统探究,统治者们试图用不同方式调和高贵与善:"神样的君王"居鲁士(卷1),"虔诚的君王"克利尔库斯(Clearchus,卷2),以及"苏格拉底式的君王"色诺芬(卷3-7)。布泽蒂进一步辨识出一种重要德性,这个发现统一了五卷中每一卷对色诺芬的描写:虔敬,勇敢,正义,感恩,以及作为将军"对士兵的爱"。尽管这一图式并非占据每一卷的重要主题,但布泽蒂的方法仍十分有助于阐明色诺芬对基本的道德和政治问题的持续探究,这些问题贯穿于他对军队各种冒险故事的讲述之中。

根据布泽蒂,第一卷"考察了人类王权统治的优点和局限,它通过统治的绝对性、高尚的人格,以及广阔的疆域范围来承诺一种世俗的恩泽"(页54)。色诺芬正面描述了胸怀大志的王者居鲁士,他显得宽宏大量,似乎无所不知、无所不能,他奖赏有功者,惩罚不义者,并赢得了追随者的高度敬爱,这让他看起来有如神明。但从阴影中,布泽蒂技巧性地引出一系列更隐晦的暗示:居鲁士并非表面看上去的那样,是个中伤和不义的无辜受害者;他并不虔敬,缺乏智慧和自制,男子气过度,易于无理性地发怒。但色诺芬隐藏居鲁士的恶习,意欲何为?布泽蒂提出,色诺芬是为了引发并接着培育读者的这样一个期待:一个拥有完美智慧和力量的人类统治者也许能做到那些不完美者做不到的事,即调和高贵与善。但鉴于居鲁士的严重缺陷,他又能给这样的人类君主制带来多少曙光呢?布泽蒂承认,这是他的解释的一个难处;他最有力的回应是:《居鲁士远征记》事实上指向《居鲁士的教育》,后者是对一位人类君王的毛病的全面分析,尽管这位君王天赋异禀,品格高尚,雄心勃勃想成为神样的人。

鉴于年轻居鲁士的不虔敬、肆心和轻率鲁莽,或许在一个虔诚的君王身上可以找到一个更好的模范?这名君王坚决维护他臣民的自由,而对上天十分谦卑。在下一章中，布泽蒂通过分析一位领袖的成败探讨了这个问题，这位领袖是希腊军队的首领——斯巴达的克利尔库斯。布泽蒂的回答是否定的。克利尔库斯虔诚地尝试调和高贵与善，并因此赢得了军队的信任，但布泽蒂表明他在以下方面并不明智：克利尔库斯在捏造事实有用时却拒绝捏造，甚至妄图在敌人身上探求高贵的慷慨，更不用说他对波斯总督蒂萨弗尼斯（Tissaphernes）那错误而致命的信任了。这些在布泽蒂看来都是无理性的希望，仅仅基于克利尔库斯相信他自己值得被信任。

因此，对于色诺芬的镇定严格和理性的领导，居鲁士和克利尔库斯都是衬托。布泽蒂指出，色诺芬是一个真正的苏格拉底式人物。他有选择的记录表明，在内陆行军的整个过程中他一直想着苏格拉底，色诺芬真正热爱哲学，并像一位哲人王，只有在受到逼迫的情况下才接受统治权。当然，布泽蒂承认，色诺芬给人的印象是，对活跃的政治生活抱有兴趣，但布泽蒂坚持这只是修辞的效果。在此，我们回到色诺芬的动机问题。对于色诺芬是真正的苏格拉底式人物，布泽蒂最强有力的证据在于，他对色诺芬作为将军的言行做出的出色而细致的分析。这些分析揭示了色诺芬那苏格拉底式的清醒的现实主义，也揭示了他不受非理性的希望、失望和妒恨左右。色诺芬对人类灵魂学的见识使他能有效地激起将官们的自尊，煽动领队们进行高贵的抗争，并保存普通士兵的士气。他谨慎留意预兆的行为看起来极虔敬，但布泽蒂表明，色诺芬是"非尼西亚斯式"的：他利用虔敬支撑起人们的希望，但"仅仅在希望与不屈的抵抗和备战意志同样高涨的状态下"（页125）。因此，他"避免了葬送虔敬的统治者"克利尔库斯的"统治的陷阱，这种陷阱源于同样的希望"（页137）。既然色诺芬在出现凶兆时拒绝继续行军，他也不会对预言家的最终决定说一个不字，默默却固执地坚持那些他自己的理性告诉他的最佳选择。他耐心，富有韧性，信心十足。情势急迫之时，他表现出灵活的态度，赞成像撤兵、偷窃、躲藏之类随机应变的行为。只要可能，他就会奖励好的行为，惩罚那些不好的，但总是着眼于军队的共同利益。他面对忘恩负义者十分冷静，对那些背叛者也不会出离愤怒。

尽管这一切都令人印象深刻，甚至激励人心，但布泽蒂依旧把它看作徒劳无功之事，如果能找到谁有能力做好它，那最好把它留给别人去做。他留意到《居鲁士远征记》结尾的基调相当低沉，于是总结道，这本书给我们上的最核心的一课，就是它对政治生活的批判，以及对哲学生活优越性的证明。他说这个批判仅仅部分涉及政治生活无可避免的严肃和危险，以及出色的领袖们常常遇到的忘恩负义和妒忌。

> 但这一批判的核心还是高贵与善的问题。《居鲁士远征记》呈现了具有政治野心的人，他们声称知晓善意味着什么。但他们对德性表现得很困惑。追求政治生活的人并不清楚，高贵与善的特性及其关系。热爱高贵的人以自我超越为目标，但他们不会也无法实现这个目标：他们没有对何为超越进行足够的反思。（页297）

当然，关于色诺芬对政治生活和沉思生活的相对地位的判断，布泽蒂的断言不止于此。他声称，色诺芬把他的大半人生都用在写作和宣称哲人苏格拉底的神圣性上，色诺芬从未给其他人这么高的评价。布泽蒂进一步声称，《远征记》的教诲是，政治生活不仅仅是次好的，而且其吸引力完全来源于其迷惑性，而智慧者可以摆脱这种迷惑性。这种论断似乎取决于两个假设：第一，《远征记》中呈现的政治生活就是如此；第二，头脑清醒的色诺芬自己并无政治野心。

在第一个假设中，布泽蒂承认，居鲁士、克利尔库斯和色诺芬都并非名副其实的王者，军队从未发展成一个城邦，色诺芬始终未能成为奠基者和立法者。布泽蒂没有过多留意这个事实：色诺芬从不追求实际的领导权，因为他遵从苏格拉底式的名言，即真正的知者是一位王者，不论他是否执掌政权。不过这种意见当然有些滑稽的夸张，至少，一个人首先必须在一个现实的健全共和国里做一个领头公民，或者最好是能做一个对政治共同体有立法权的真正统治者，他才可能有心满意足的政治生活。《远征记》中的这种令人沮丧的现象是否说明了这种前景对知者毫无吸引力呢？

为了说明第二个假设，即色诺芬本人并无野心，布泽蒂提供了大量有参考价值的观察和一系列断言，特别是当我们注意到这个假设对他的理论至关重要，而这些断言则显得并非完全可靠。布泽蒂正确地指出，色诺芬只是以私人名义受普罗克西努斯（Proxenus）之邀加入远征军，而非作为将军甚至士兵，他这样做时，哲学在雅典已岌岌可危；但布泽蒂坚持认为，色诺芬仅有的两个动机就是对安全和收入的追求。是否还有其他吸引他开始冒险的东西？参加雇佣军,哪怕是作为顾问,真的是保证安全的最好方法吗？布泽蒂承认,色诺芬后来诚然有在亚洲建一座城邦的欲望,但他强调,这个想法仅仅是"一时"驱使着色诺芬(5.6.15;页298)。诚然,色诺芬直言他后来再一次让成为军队核心统治者的可能性所诱惑,这在将来可能让他有更大的名气,在朋友间享有更高荣誉,还可能为军队做些好事(6.1.20)。但布泽蒂解释道,追求更大的名气只是为了让色诺芬避免忘恩负义带来的危险(页233);他不认为色诺芬想在朋友以外的人之中也享有声名(页298);他没有谈到色诺芬想成为施恩者的欲望。

我将借鉴布泽蒂的敏锐观察,用另一种方法来了解色诺芬对政治生活的动机和看法,并以此作结。色诺芬的本性是猎人和骑手,与城邦居民苏格拉底不是同一类型。他也许更像阿里斯托芬(Aristophane)笔下的斐狄匹得斯(Pheidippides)。他热爱冒险;具有男子气概;热爱他军队中单纯、强壮的普通士兵;他总是十分慷慨。他的确被政治带来的刺激和"高贵的挑战"所吸引(页297)。尽管色诺芬断定,苏格拉底的本性和他选择的生活方式最好,但他很可能认为自己的本性无疑是次好的,他选择的这种混合的生活对他来说最为上乘。准确地说,这种混合式生活的特点也许是吸引色诺芬的关键。像他所做的这样领导一支军队,或像他曾希望的那样建立一个城邦,可以使他有机会去观察人类本性、测试自己的洞察力,并以令人满意的方式使用这些洞察力。另一方面,一个人保住自己应得的荣誉,与成为他自己成就的记录者相比,又好在哪里呢？在最好的情况下,写下记录可以吸引所有人,而韫椟藏珠则可赢得最富洞见者的激赏。

最后,布泽蒂的著作并未说服读者,政治野心不能与苏格拉底式的洞察兼容。但以一种极为美妙的方式,它的确为我们展开了《远征记》中所有的重大问题。

重估李维

——评《李维撰史的意图和方法》

杨志城 撰

（中国人民大学文学院）

沃尔什（P. G. Walsh），《李维撰史的意图和方法》（*Livy：His Historical Aims and Methods*），Cambridge：Cambridge University Press，1961，300 页。中译本将由华东师范大学出版社出版。

上世纪 60 年代初，英语学界终于盼来了第一本专论古罗马史家李维（Titus Livius）的现代学术著作，即出自古典学家沃尔什之手的《李维撰史的意图和方法》。如沃尔什在前言所言，环顾欧陆，德法意几个老牌的古典研究大国已经为现代李维研究贡献了相当多的专著论文，而"在英语世界，李维却莫名地不受欢迎"（页 ix，下文只标出页码）。似乎李维在非英语世界就受人欢迎。19 世纪以来，色诺芬、西塞罗和李维这几位重要的古典作家都声名衰退，[1]李维作为古典政治史家的地位更是一落千丈。以色诺芬和李维为代表的古典政治史家在古代和现代的不同遭遇，背后是如何看待史书写作的古今之变。在现代实证史学标准几乎完胜的今天，我们有必要重估李维。现代史学专家手持现代史学的标准，"正当地指出了李维那些显见的不足：尤其是他无法有组织地编排史料，缺乏一种全局掌控感，缺少珀律比俄斯（Polybius）和塔西佗身上那种独到的个人洞察力"（ix）。当然，他们也看到了李维身为罗马文明的阐释者的价值，甚至十分赞赏李维天才般的文学表达。最关键的是，沃尔什认为，李维对于罗马史研究而言非常重要（ix），其重要性在于有助于我们理解公元前 1 世纪罗马的智识氛围。我们则需要反思，现代罗马史研究的目的何在？是意在"认识罗马人的民族品质"吗？

诚如钱伯斯所言，此书以两个问题为主导：李维到底是不是写了一

---

[1] 参见施特劳斯，《论僭政》，彭磊译，北京：华夏出版社，2016，页 44。

部拙劣的史书(bad history)？如果是，为什么？① 沃尔什综合前人的研究，试图重新评价李维。全书共十一章。第一章简要介绍了李维的生平和时代背景。其中最有意思的是，李维和元首奥古斯都的关系问题，其实质是古典政治史家的写作与现实政治的关系问题。政治史家关怀现实政治生活乃题中应有之义，不仅是古典政治史家有其现实的政治关怀，近现代的政治史大家如兰克(Ranke)者也是如此。沃尔什认为，李维并非奥古斯都的代言人和宣传鼓吹者(11)，反倒在《自建城以来》的前几卷为奥古斯都的宗教和道德改革提供了灵感(13)。这无疑涉及李维为什么要撰史的问题。李维史书的前言部分的确弥漫着强烈的悲观态度。和之前的撒路斯特以及随后的塔西佗一样，李维突出了罗马因武力征服而获得的强大统治(imperium)与罗马统治阶层和共同体整体的道德衰败之间的强烈反差，这种反差在精神上撕扯着罗马共同体；李维一方面呼吁罗马政治和道德上的觉醒和复兴，一方面又对奥古斯都的宗教和道德改革的可行性和有效性持保留态度，毕竟，统治者要在道德品质上治愈一个"患病"的共同体，绝非一日改革之功即可完成。我们需要注意这个事实，即李维是从罗马建城写起，重新叙述了到他自己时代为止的完整的罗马历史，其生动的叙述向其时代的有教养阶层展示了罗马崛起以及政治败坏和道德堕落的完整过程，只可惜我们现在无法一睹李维史书的全貌，尤其是李维记叙罗马完成统一地中海世界的大业之后的部分都已佚失(5-8)。李维重新从头撰史，或许还意在回应新时代的罗马统治需要以何种精神力量来凝聚其治下的被统治者和地方的统治阶层。自从恺撒率兵强渡卢比孔河，一个新时代就开始了，无论当时的人们是否愿意直面这个新时代。此时的罗马疆域辽阔，内部的政治斗争极为复杂，旧有的已经败坏的共和政治秩序已经无力应对新的挑战，新时代的政治现实召唤新的政治秩序以及新的精神力量。维吉尔试图以其宏伟优美的诗篇来回应这个问题，李维则应之以文辞雅致的长篇史著。② 纯粹道德复兴的解释难以穷尽李维的

① 参见 Mortimer Chambers，《评沃尔什〈李维撰史的意图和方法〉》("Review of *Livy: His Historical Aims and Methods* by P. G. Walsh")，*The Classical World*，Vol. 54，No. 7(Apr.，1961)，页230。
② 参见沃格林，《希腊化、罗马和早期基督教》，谢华育译，上海：华东师范大学出版社，2007，页176-185。

撰史意图以及李维与当时现实政治的关系问题。第一章看似重在背景介绍,其实我们从中可以看到李维撰史关注的是什么问题,诚然,每个时代的具体背景或许千差万别,面临的重要问题却是不变的。

第二章至第十章(第十一章总结全书)从各个角度详细阐述了李维撰史的方法问题。为了更全面地理解李维撰史的方法,首先有必要简要分析李维之前的史撰理论和史撰传统及其对李维可能产生的影响(21)。第二章题为"古代史撰的传统",详细分析了古希腊时期、希腊化时期、早期罗马以及罗马共和末期的史撰传统和史撰理论及其对李维的影响。少数希腊史家(以修昔底德和珀律比俄斯为代表)关注史实的真实问题以及严肃的政治论述;而大多数希腊时期和希腊化时期的史家则受到"注重修辞的史撰"和"肃剧式史撰"的影响,[1]不仅强调文学上的修辞表达,而且试图取得肃剧般的效果,甚至还认为史书应该起到道德教化的作用。这些因素的确都对罗马的史撰传统有着举足轻重的影响(20–28)。当然,源自希腊的史撰传统和理论无法穷尽罗马史书写作的种种面相。同样重要的是,罗马史书写作从一开始就与官方和宗教息息相关(30),罗马早期史家尊崇罗马的传说,美化共同体的不分青红皂白的"爱国主义",这些构成了罗马早期史撰的重要特色(31)。按照沃尔什的说法,西塞罗在《论演说家》中关于历史写作的说法综合考虑了以上这些因素,从而认为科学真实的历史写作需要一种相称的文学外衣(33),[2]这是李维竭力达到的西塞罗式的标准(34),也是沃尔什批判李维的标准。沃尔什还认为,李维最终成功达到了西塞罗的标准(287)。在解释过程中,沃尔什或许有戴着现代实证史学的客观真实性的眼镜来放大古代史书关于客观真实性的说法之嫌,显然西塞罗那里并没有现代实证史学钟爱的科学真实的客观性。沃尔什认为,古代史书的核心特征在于关注个体的诸种品质和超出个人

---

① 所谓的肃剧与历史的关系问题,可参见沃尔班克富有启发的论述,见《历史与肃剧》("History and Tragedy"),载 *Historia: Zeitschrift für Alte Geschichte*, Bd. 9, H. 2(Apr. ,1960),页 216–234。

② 在论述西塞罗关于历史写作的观点时,沃尔什几乎是把西塞罗《论演说家》中各个对话者的观点等同于西塞罗本人的观点,这是站不住脚的,我们必须分析《论演说家》的整体语境,才能比较稳妥地判断西塞罗关于历史写作的观点。

品质之外的机运,他拿着现代实证史学的尺度来打量古代史书,从而给古代史书贴上"视野狭窄"的标签(34)。视野狭窄还可"原谅",在现代实证史学看来,李维最要命的缺点在于他的史书缺少客观性,而李维的爱国主义则是李维获得客观性的最大绊脚石(36);倘若如此,那么,李维的道德教化意图和道德化纪事肯定是更大的绊脚石。毕竟,李维的爱国主义倾向还不如其道德教化倾向来得彻底(80),这两者无疑都犯了现代实证史学号称不作价值判断的大忌。

因而,沃尔什在第三章致力于揭露李维这种道德教化及其背后的宗教和哲学观念。沃尔什认为,李维在史书中强调,人与诸神之间必须要有恰当的关系,这一恰当的关系重在为人的生活带来秩序和意义,这是李维宗教观念的要核。如果一个人尊重神和人的种种权利(rights of god and men),如果他的宗教生活、政治生活和私人生活都立基于廊下派所提倡的各种德性,这个人的生活就被视为与命运和谐相处。作者进而向我们揭示了珀西多尼乌斯(Posidonius)的新廊下派思想与罗马人关切道德的传统对李维造成的综合影响。如果一个人依从理性和德性,如果他与宇宙处于和谐的关系之中,那么,他自然而然会成功;如果与鲁莽和邪恶为伴,则自然而然会失败(46 - 50)。因而,共同体的兴旺和个人的顺遂需要某些重要的品质:虔敬(pietas)、忠信(fides)、和谐(concordia)、纪律(disciplina)、审慎(prudentia)、理智(ratio)、宽仁(clementia)、贞洁(pudicitia)、勇敢(virtus)、尊严(dignitas)、端庄(gravitas)和简朴(frugalitas)。所有这些抽象品质,虽以每一代领袖人物的偶然面貌出现,却是《自建城以来》一书真正而持久的主人公(66 - 80)。

第四章旨在展示作者所认为的李维史书的核心特征——刻画卓越之人的品质(39)。可以说,在沃尔什看来,李维史书的最大缺陷在于,李维"道德,太道德"。最终要为李维史书最严重的缺点负责的,正是这种以美化英雄和贬低恶棍为主导的历史观念。李维歪曲了史实,不是由于一时失误,而是有意为之(109)。第五章和第六章分别处理李维撰史用到的史料以及李维如何使用这些史料。随后的四章(第 7 - 10 章)以详细的例子讨论了李维的文学修辞准则、李维的叙述方法、李维如何使用演说辞以及他的拉丁语有何特点。此书试图整合自德意志史学家尼森以来的现代李维研究的成果,①更全面地展示李维史书的丰富面相,从而在一定程度上重估李维。其论述过程中实有不少中肯而富有启发的分析,只是作者总是不忘以现代实证史学的标准来总结这些分析,如果我们抛开其标准来看待其分析,或许会更有收获。

对于我们而言,重估李维,最重要的不在于重估李维本身。因为我们现在要真正地窥探李维的撰史意图是非常困难的,毕竟李维史书三分之二的卷目已经消失。更重要的在于重估以李维为代表的一批古典政治史家,重新恢复古典政治史学的活力,这必然要求重估现代史学的传统、预设和判断尺度。②

我国学术界(尤其是罗马史研究者和马基雅维利研究者)当下需要一本相对全面清晰又有一定深度的李维研究导论,此书虽说早在五十多年前就已问世,却依然可以满足我们的这一需求。至于说沃尔什对李维的个别分析是否有说服力,则是见仁见智的问题。

---

① M. I. Henderson,《评沃尔什〈李维撰史的意图和方法〉》("Review of *Livy*: *His Historical Aims and Methods* by P. G. Walsh"),载 *The Journal of Roman Studies*,Vol. 52,Parts 1 and 2 (1962),页 277 - 278。
② 我们尤其有必要踏实研究"现代史学之父"兰克关于史学的全面看法。

ABSTRACTS

Is Philosopher-King an Animate Law?
——A Problem in Voegelin's Interpretation of *Republic*

Han Chao

Abstract: According to Voegelin, although the term nomosempsychos (animate law), which covers the central topic of Hellenistic political ideas, is not to be found in Plato's *Republic*, the meaning is present in the concept of Philosopher-King. This article will prove that the statement of Voegelin cannot be established in a reasonable and workable way. Firstly, Voegelin's view is based on Goodenough's study of Hellenistic Kingship. It is an anachronistic argument which derives from the proposition of the Hellenistic period. Secondly, this view never appeared in Plato's *Republic*. The two occurrences in Plato's later dialogues do not prove that Plato has a positive assessment of this idea. This is only proof of Plato's reservations about its possibilities of implementation. Thus, it actually relies on the opposite of constitutionalism to construct the interpretation of Plato's Philosopher-King. Finally, Plato offered an approach to diagnose the weaknesses of the rule of law, which is different from Hellenistic Kingship theory. In *Republic*, there is no claim to possess a wisdom greater than the rule of the law. More importantly, the educational community and the political community in Plato's *Republic* are themselves self-sufficient, and they are destined to break out of the chain of transcendence.

Key words: Eric Voegelin; Jean Bodin; nomos empsychos; Hellenistic Kingship; state-soul analogy

Classical Theory of Natural State

Lin Zhimeng

Abstract:Based on his customary experience, the legislator in Plato's *Laws* regards wars among cities as the natural state, thinking that everyone is hostile to everyone. In this way, the legislator makes laws and constitution according to the principle of hostility and the "nature" of geography, pointing the end to victory in wars, with victories in battle as natural good. By comparing the city and man, external wars and civil wars, Plato shows that the legislator should pay more attention to the internal harmony and order of the political community and individual souls when constructing a constitution. Philia, harmony, and common good are just as "nature" to the city and man both. Classical philosophers understand "natural state" differently from modern philosophers. And this leads to their different constitutional designs.

Key words:Plato; natural state; war; civil war

The "Paradoxes" in *Politeia* of Zeno

Xu Jian

Abstract:Among all the Hellenistic philosophical writings, the *Politeia* written by Zeno the Stoic is the most notorious and controversial one, and it stirred up a heated debate as early as the 1st century BC. This is because the book deals with seven "disturbing" paradoxes that have traces of Cynicism: on general education, social membership, community of women (including incest), public facilities (and weapons), coinage, dress, and cannibalism. This debate is an albatross around our efforts to position and understand that fragmentary book, and especially, those paradoxes, cutting out of the book by Athenodorus the Stoic, still need to be recognized. Through an analysis of ancient writers' relevant quotations, we can see that the relationship between Zeno's paradoxes and Cynicism is more literal, and that his real aim should be to challenge Plato's thought. From this, his *Politeia* can be importantly placed back into the classical context.

Key words: Zeno the Stoic; *Politeia*; paradoxes; Cynicism; Plato

An Overview on Classical Theory of Natural Law

Cheng Zhimin

Abstract: The greatest difference between classical and modern theories of natural law is their attitudes to divine law. The classical theory acknowledges that natural law comes ultimately from divine law, hence keeps close and generative relation with the latter, though it appears as a reaction of divine law. Furthermore, the (right) cause to which the classical theory of natural law appeals is equivalent to Logos in its abundant and integrated meanings, while reason in modern theory becomes Anaxagorean Nous, which means calculation. The "rightness" of right reason in classical theory lies in its service to virtue, i. e. , material value in real pursuits of contribution. A fundamental teaching of classical theory of natural law could be summarized as "set upon the way, rely upon the virtue, and lean upon goodness."

Key words: Classical theory of natural law; divine law; reason; logos; virtue

Prometheus and the Secret of Democracy (I)
——An Interpretation of Aristophanes' *Birds*

Liu Xiaofeng

Abstract: Does the image of Prometheus in Aeschylus have any prototypes in reality? Plato in his *Protagoras* shows that intellectuals like Protagoras may be the very prototypes of Prometheus. However, between Aeschylus' *Prometheus* and Plato's *Protagoras*, there is still Aristophanes' *Birds*, where Prometheus appears as a minor character. And probably, Aristophanes' *Birds* may serve as a transitional point between Aeschylus'

Prometheus trilogy and Plato's *Protagoras*.

Key words: Aristophanes; Prometheus; Utopia; freedom; Athenian democracy

Eros and City of Phaedrus
——A Commentary on Plato's *Symposium* 178a6 – 180b8

Xiao Youzhi

Abstract: In order to understand the main character Phaedrus of Plato's *Symposium*, we should preliminarily analyze his name, education, identity, his presences in Plato's dialogues, and the key clue of his relationship with Socrates etc. Certainly the more important thing is to carefully read his eulogium about the god Eros, which Phaedrus delivered firstly as the father of logos, explaining the ambiguities and the argument of the action of his speech, and exploring the secret of his character and his intellectual virtue, finally deriving the teleological problem about his speech of eros and individual or city's happiness.

Key words: Plato; *Symposium*; Phaedrus; eros; city

From "Liushi" to "Liuyi"

Zhou Chunjian

Abstract: "Liushi" and "Liuyi" are two basic questions in the study of *The Book of Songs*, which relate to other important questions of itself, such as the genre, structure and early spreading forms of it, etc. Some scholars consider that "Liushi" and "Liuyi" are identical essentially. However, there are some scholars thinking that they are two things and citing Feng, Ya, Song and Fu, Bi, Xing relatively, the most influential argument is the "three bodies, three uses" theory which put forward by Kong Yingda in Tang Dynasty. According to the contemporary study of Wang Kunwu, the classification of "Liushi" is six different spreading forms of *The Book of Songs* initially. Feng and Fu are the ways to recite poems, Bi and Xing are the ways to sing poems, Ya and Song are the ways to play poems. There was a process that the component of music education weakened gradually and the component of moral education strengthened constantly from "Liushi" to "Liuyi". These spreading forms of it still appear in the text of *The Book of Songs* today. The three bodies Fu, Bi, Xing are still a-live. The poems such as "Guan Ju", "Hang Lu", perhaps there does not exist the phenomenon of bamboo slips' disorder or loss. The first chapter of them is a single paragraph chapter which is a form of repetition and paral-lelism Bi, Xing brought. Putting *The Book of Songs* into the great back-ground of rites and music system in Zhou dynasty, it is a more essential path to discuss the early spreading of *The Book of Songs* through the per-spective of music.

Key words: *The Book of Songs*; Liushi; Liuyi; The Western Zhou Dynasty; The rite-music civilization; Confucian classics studies

Dao, One and the Doctrine of Qi
——Focusing on Lin Xianxin's Study of Zhuang zi
Ding Yun

Abstract: It is a long tradition to take Dao as One and vice versa. This theory can be traced back to the Taoism in pre-Qin, especially in *Zhuang Zi* and its successive commentaries. But that is all the more reason for us to discriminate Dao from One according to the text of *Zhuang Zi*. The contemporary classical scholar Liu Xianxin, who specializes in the study of Lao-Zhuang, treated Dao and One without distinction and attrib-utes them to Qi named Dao Ti that covered in the past. His theory is how-ever not the highest and subtlest one, which interprets One with Qi alone and makes no distinction between Dao and One. My aim in this paper is to examine the differences of Dao and One and judge the success and failure of the ontology of Qi in light of Liu's theory.

Key word: Dao; One; Qi; ontology of Qi; Liu Xianxin

征稿启事暨匿名审稿说明

　　《古典学研究》辑刊由中国比较文学学会古典学分会主办,专致于研究、解读古典文明传世经典,旨在建立汉语学界的古典学学术园地,促进汉语学界对中西方经典和其他传统经典的再认识。

　　本刊立足于中国文明的现代处境,从跨文化、跨学科的视角出发,力求贯通文学、哲学、史学和古典语文学,从具体文本入手,研究、疏解、诠释西方、希伯来和阿拉伯等古典文明传世经典。

　　本刊全年公开征稿,欢迎学界同仁(含博士研究生)投稿,来稿须为未经发表之独立研究成果(已见于网络者亦不算首次发表)。来稿注意事项如下:

　　一、本刊仅刊发论文和书评两类。论文以八千至一万二千字为宜,书评以三千至五千字为宜(编辑部保留学术性修改和删改文稿之权利)。

　　二、本刊同时接受中文稿件和外文稿件,中文稿件请使用简体字。

　　三、投稿请以电子文文件电邮至本刊邮箱,谢绝纸质稿件。

　　四、来稿须注明作者真实中英文姓名、电邮联系方式,作者可决定发表时的署名。

　　五、作者文责自负,一切言论,不代表本刊观点。

　　六、本刊在三个月内对来稿给出评审结果,逾期未获通知者,可自行处理。

　　七、来稿通过编辑部初审后,将匿去作者姓名,根据所涉论题送交二位本刊编委复审;主编将依据匿名评审书处理稿件。

　　八、文稿一经刊登,作者将获赠当期刊物两本,不另致稿酬。

　　九、投稿撰写格式及顺序:

　　1. 中英文题名和作者联系方式(中英文姓名、现职及通讯地址、电话、电邮等）。

2．中英文摘要（中英文均以三百字为限）、中英文关键词（各以五项为限）。

3．正文及注释格式，按《古典学研究》格式"（见"古典学园"网：http：//gudianxue. com. cn/a/pinglun/yizhuantili/2018/0123/124. html）。

投稿电子邮箱：researchinclassics@ foxmail. com

图书在版编目(CIP)数据

古典学研究:古典哲学与礼法/刘小枫编. --上海:
华东师范大学出版社,2018

ISBN 978-7-5675-7613-1

Ⅰ.①古… Ⅱ.①刘… Ⅲ.①古典哲学—研究—中国
②法律体系—研究—中国—古代 Ⅳ.①B21 ②D929.2

中国版本图书馆 CIP 数据核字(2018)第 062062 号

华东师范大学出版社六点分社

企划人 倪为国

第一辑
古典学研究:古典哲学与礼法

编　　者　刘小枫　林志猛
责任编辑　王　旭
封面设计　卢晓红

出版发行　华东师范大学出版社
社　　址　上海市中山北路 3663 号　邮编　200062
网　　址　www.ecnupress.com.cn
电　　话　021－60821666　行政传真　021－62572105
客服电话　021－62865537　门市(邮购)电话　021－62869887
地　　址　上海市中山北路 3663 号华东师范大学校内先锋路口
网　　店　http://hdsdcbs.tmall.com

印 刷 者　上海盛隆印务有限公司
开　　本　700×1000　1/16
插　　页　1
印　　张　11.5
字　　数　150 千字
版　　次　2018 年 3 月第 1 版
印　　次　2018 年 3 月第 1 次
书　　号　ISBN 978-7-5675-7613-1/B·1124
定　　价　48.00 元

出 版 人　王 焰